Omer Salih Dawood
Mohamed Elhafiz Mustafa

Avaliação da usabilidade dos sistemas de gestão de processos empresariais

Omer Salih Dawood
Mohamed Elhafiz Mustafa

Avaliação da usabilidade dos sistemas de gestão de processos empresariais

ScienciaScripts

Imprint
Any brand names and product names mentioned in this book are subject to trademark, brand or patent protection and are trademarks or registered trademarks of their respective holders. The use of brand names, product names, common names, trade names, product descriptions etc. even without a particular marking in this work is in no way to be construed to mean that such names may be regarded as unrestricted in respect of trademark and brand protection legislation and could thus be used by anyone.

Cover image: www.ingimage.com

This book is a translation from the original published under ISBN 978-3-659-89120-5.

Publisher:
Sciencia Scripts
is a trademark of
Dodo Books Indian Ocean Ltd. and OmniScriptum S.R.L publishing group

120 High Road, East Finchley, London, N2 9ED, United Kingdom
Str. Armeneasca 28/1, office 1, Chisinau MD-2012, Republic of Moldova, Europe
Managing Directors: Ieva Konstantinova, Victoria Ursu
info@omniscriptum.com

Printed at: see last page
ISBN: 978-620-8-59326-1

Avaliação da usabilidade dos sistemas de gestão de processos empresariais

Sistemas de gestão de processos empresariais

Autor:

1- **Sr. Omer Salih Dawood Omer**

2- **Dr. Mohamed Elhafiz Mustafa Musa.**

Índice:

Capítulo I: Introdução

1.1 Introdução

Existem atualmente no mercado muitos sistemas de gestão de processos empresariais e fluxos de trabalho com diferentes caraterísticas: Joget, Bizagi, ProcessMaker, Bonita e muitos outros. Uma vez que estes sistemas têm caraterísticas e capacidades diferentes, os estudos de comparação ajudarão a descobrir as suas vantagens e desvantagens. Há pouca investigação que abranja o estudo comparativo entre WFMS. Por conseguinte, é necessário mais trabalho de investigação. Estes estudos também ajudarão o programador ou o analista comercial a determinar qual a ferramenta adequada para cada sistema. Uma questão importante neste domínio é o desenvolvimento de um quadro de comparação que oriente o processo de comparação. As comparações entre estas ferramentas permitem avaliar a facilidade de utilização de cada sistema de gestão de processos empresariais.

1.2 Declaração do problema

O problema desta tese tem três vertentes:

- Conceber um quadro que compare dois sistemas de gestão do fluxo de trabalho.
- Desenvolver um estudo de caso para ser utilizado no processo de comparação.
- Comparar o Bizagi e o ProcessMaker utilizando o quadro concebido e o estudo de caso apresentado.

1.3 Objectivos da investigação

A investigação fornece um quadro de comparação, que se baseia nas caraterísticas mais importantes dos sistemas WF. A tese teve como objetivo fornecer um estudo comparativo entre dois dos famosos WFMS Bizagi vs. ProcessMaker. Uma vez que estes dois sistemas se encontram entre os melhores WFMS actuais, a tese tenta avaliar a maturidade dos WFMS actuais através do acesso a estes sistemas.

1.4 Âmbito e limitações da tese

A tese comparou as duas ferramentas de acordo com o quadro que consiste em caraterísticas que precisam de interagir quando se desenvolve um sistema de fluxo de trabalho. A tese não abrange a comparação da estrutura interna dos sistemas de fluxo de trabalho.

1.5 Apresentação da tese

A tese é composta por cinco capítulos. O segundo capítulo, definições e sistemas de fluxo de trabalho, aborda os termos gerais do processo empresarial e do fluxo de trabalho, a arquitetura do fluxo de trabalho e a panorâmica das ferramentas utilizadas. O terceiro capítulo é a comparação do fluxo de trabalho, que aborda o quadro de comparação e incide principalmente nas questões do quadro de Nie, Seppala e Hafrén[12]. O quarto capítulo descreve o estudo de caso e os sistemas desenvolvidos para o estudo de caso utilizando o Bizagi e o ProcessMaker, incluindo também os resultados da comparação. O último capítulo contém as conclusões e o trabalho futuro.

Capítulo Dois: Sistema de Gestão do Processo Comercial e do Fluxo de Trabalho

2.1 Introdução

Este capítulo analisa os sistemas e ferramentas de gestão do fluxo de trabalho. A secção 2.2 descreve os sistemas de gestão do fluxo de trabalho, enquanto a secção 2.3 apresenta o modelo de referência do fluxo de trabalho que descreve os principais componentes dos sistemas de fluxo de trabalho e a forma como estes componentes interagem entre si para compor um sistema de fluxo de trabalho, enquanto a secção 2.4 descreve os padrões utilizados na interação de processos empresariais, a secção 2.5 analisa a ferramenta Bizagi e os seus principais componentes, enquanto a secção 2.6 analisa a ferramenta ProcessMaker.

2.2 Fluxo de trabalho

O fluxo de trabalho diz respeito à automatização de procedimentos em que documentos, informações ou tarefas são transmitidos entre participantes de acordo com um conjunto definido de regras para atingir, ou contribuir para, um objetivo empresarial global. Embora o fluxo de trabalho possa ser organizado manualmente, na prática, a maior parte do fluxo de trabalho é normalmente organizada no contexto de um sistema informático que fornece apoio computorizado à automatização dos procedimentos [1].

2.2.1 Sistema de gestão do fluxo de trabalho (WFM)

Um sistema de gestão do fluxo de trabalho é um sistema que permite a automatização de um processo comercial através da gestão da sequência de actividades de trabalho e da invocação de recursos humanos e/ou informáticos adequados associados às várias etapas da atividade [1]

2.2.2 Gestão de processos empresariais (BPM)

A Gartner define a gestão de processos empresariais (BPM) como uma disciplina de gestão que trata os processos empresariais como activos que melhoram diretamente o desempenho da empresa, promovendo a excelência operacional e a agilidade empresarial [2].

As funções de tempo de construção são aquelas que resultam numa definição computorizada de um processo empresarial. Durante esta fase, um processo empresarial é traduzido do mundo real para uma definição formal, processável por computador, através da utilização de uma ou mais funções de análise, modelação e sistema

técnicas de definição. A definição resultante é por vezes designada por modelo de processo, modelo de processo, metadados de processo ou definição de processo [1].
As actividades de BPM abrangem a conceção, a definição, a execução, a monitorização e a evolução dos processos empresariais. A gestão do fluxo de trabalho é um aspeto do BPM relacionado com a execução e a gestão do estado. As actividades de BPM, como a monitorização e a evolução, baseiam-se nos dados fornecidos pelos motores de fluxo de trabalho durante a execução do processo[25].
Em tempo de execução, a definição do processo é interpretada pelo software, que é responsável pela criação e controlo das instâncias operacionais do processo, pela programação das várias etapas de atividade no âmbito do processo e pela invocação dos recursos humanos e das aplicações informáticas

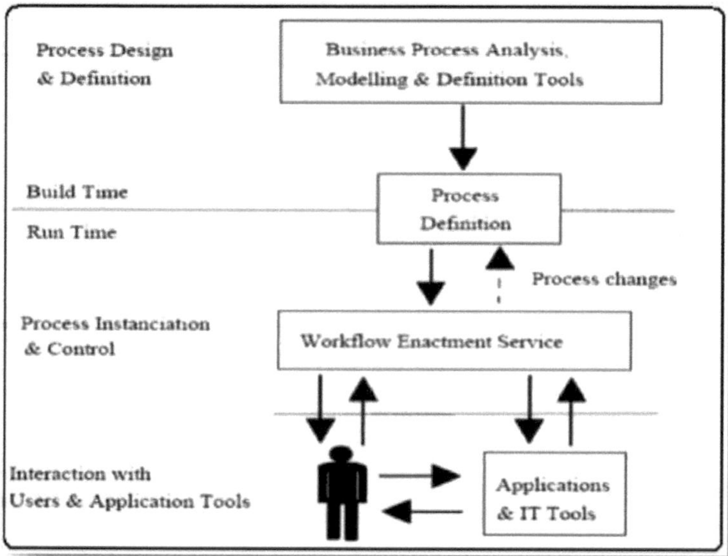

adequadas.

Figure (2(1) Caraterísticas do sistema de fluxo de trabalho [1]

As actividades individuais no âmbito de um processo de fluxo de trabalho dizem normalmente respeito a operações humanas, muitas vezes realizadas em conjunto com a utilização de uma ferramenta informática específica (por exemplo, preenchimento de formulários), ou a operações de tratamento da informação que exigem que um determinado programa de aplicação opere sobre determinada informação definida (por exemplo, atualização de uma base de dados de encomendas com um novo registo).

2.3 Modelo de referência do fluxo de trabalho

O modelo de referência do fluxo de trabalho foi desenvolvido a partir da estrutura genérica da aplicação do fluxo de trabalho, identificando as interfaces desta estrutura que permitem a interoperabilidade dos produtos a vários níveis. Todos os sistemas de fluxo de trabalho contêm uma série de componentes genéricos que interagem num conjunto definido de formas; os diferentes produtos apresentarão normalmente diferentes níveis de capacidade em cada um destes componentes genéricos.

O serviço de execução do fluxo de trabalho é um serviço de software que pode consistir num ou mais motores de fluxo de trabalho para criar, gerir e executar instâncias de fluxo de trabalho [1].

O motor de fluxo de trabalho é utilizado para aplicar a definição do fluxo de trabalho e executar acções de fluxo de trabalho. Quando uma tabela de utilizador é activada para o fluxo de trabalho, são criados accionadores de inserção, atualização e eliminação do fluxo de trabalho para essa tabela, que é responsável pelas seguintes funções

1. Verifica se a alteração é válida para o estado atual do fluxo de trabalho.
2. Verifica se o utilizador atual tem permissões para executar a ação de fluxo de trabalho.
3. Se a ação for válida e o utilizador tiver permissões de execução.

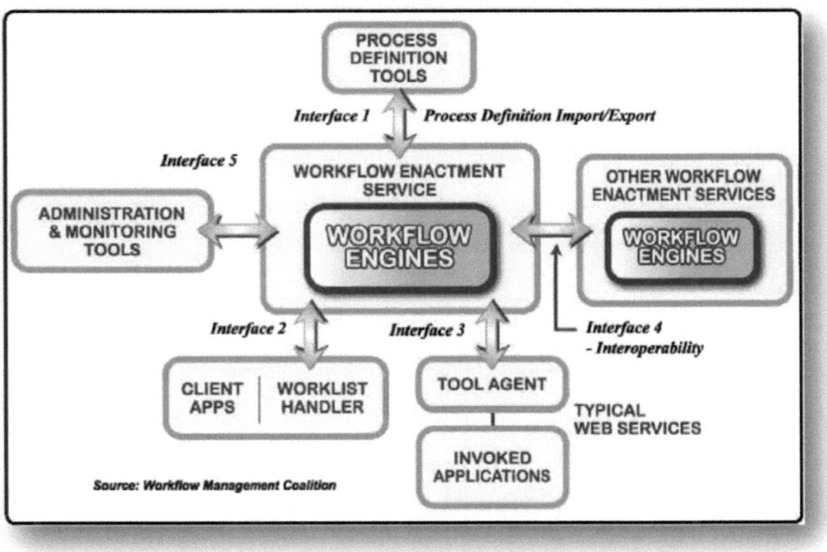

Figure (2(2) Modelo de Referência do Fluxo de Trabalho - Componentes e Interfaces

As ferramentas de definição de processos são ferramentas utilizadas para analisar, modelar, descrever e documentar um processo empresarial. É utilizado o Intercâmbio de Definição de Fluxo de Trabalho

(Interface 1). A natureza da interface é um formato de intercâmbio e chamadas API, que podem suportar o intercâmbio de informações de definição de processos através de uma variedade de meios de intercâmbio físicos ou electrónicos [1].

O gestor da lista de trabalho é a entidade de software que interage com o utilizador final nas actividades que requerem o envolvimento de recursos humanos. No modelo de fluxo de trabalho, a interação ocorre entre a aplicação cliente e o motor de fluxo de trabalho através de uma interface bem definida que engloba o conceito de lista de trabalho - a fila de itens de trabalho atribuídos a um determinado utilizador (ou, possivelmente, a um grupo de utilizadores comuns) pelo motor de fluxo de trabalho. A interface da aplicação cliente de fluxo de trabalho (interface 2) é utilizada para estabelecer a ligação entre a lista de trabalho e o motor[1].

A interface de aplicações invocadas (interface 3) destina-se a ser aplicável a agentes de aplicação e a aplicações que tenham sido concebidas para serem activadas pelo fluxo de trabalho [1].

Um dos principais objectivos da interoperabilidade do fluxo de trabalho é definir normas que permitam que os sistemas de fluxo de trabalho produzidos por diferentes fornecedores passem itens de trabalho sem problemas entre si.

Há dois aspectos principais da interoperabilidade necessária (Interface 4): o primeiro é a medida em que a interpretação comum da definição do processo (ou de um subconjunto) é necessária e pode ser alcançada, e o segundo é o apoio em tempo de execução para o intercâmbio de vários tipos de informações de controlo e para a transferência de dados relevantes para o fluxo de trabalho e/ou dados de aplicação entre os diferentes serviços de elaboração.

Interface de administração e monitorização (Interface 5) Mostra uma aplicação de gestão independente que interage com diferentes domínios de fluxo de trabalho, embora também sejam viáveis cenários de implementação alternativos. A interface inclui os seguintes tipos de operações [1]

1. Operações de gestão de utilizadores.
2. Operações de gestão de funções.
3. Operações de gestão de auditorias.
4. Operações de controlo de recursos
5. Funções de supervisão do processo.
6. Funções de estado do processo.

2.4 Padrões de controlo do fluxo de trabalho

Os padrões de fluxo de trabalho são um catálogo de vários blocos de construção para a execução do fluxo de trabalho [4]. Os padrões de conceção vão desde construções bastante simples presentes em qualquer linguagem de fluxo de trabalho até primitivos de encaminhamento complexos não suportados pela atual geração de sistemas de gestão de fluxos de trabalho [5].

2.4.1 Padrões básicos de fluxo de controlo

Este grupo de padrões capta aspectos elementares do controlo de processos e inclui os seguintes padrões

1. **O Padrão 1 (Sequência)** é uma atividade num processo de fluxo de trabalho que é activada após a conclusão de outra atividade no mesmo processo.
2. **O padrão 2 (divisão paralela)** é o ponto do processo de fluxo de trabalho em que uma única linha de controlo se divide em várias linhas de controlo que podem ser executadas em paralelo, permitindo assim que as actividades sejam executadas simultaneamente ou por qualquer ordem.
3. **O padrão 3 (Sincronização)** é o ponto do processo de fluxo de trabalho em que vários subprocessos/actividades paralelos convergem para um único segmento de controlo, sincronizando assim vários segmentos.
4. **O padrão 4 (Escolha exclusiva)** é o ponto do processo de fluxo de trabalho em que, com base numa decisão ou nos dados de controlo do fluxo de trabalho, é escolhida uma de várias ramificações.
5. **O Padrão 5 (Fusão Simples)** é o ponto do processo de fluxo de trabalho em que dois ou mais ramos alternativos se juntam sem sincronização. Por outras palavras, a fusão será acionada assim que qualquer uma das transições de entrada for acionada.

2.4.2 Padrões avançados de ramificação e sincronização

Estes padrões são padrões mais avançados para ramificação e sincronização e consistem em

1. **O padrão 6 (Escolha múltipla)** é o ponto do processo de fluxo de trabalho em que, com base numa decisão ou nos dados de controlo do fluxo de trabalho, são escolhidas uma ou mais ramificações.
2. **O padrão 7 (Sincronização da fusão)** é o ponto do processo de fluxo de trabalho em que vários caminhos convergem para um único segmento. Se for adotado mais do que um caminho, é necessário sincronizar os segmentos activos. Se for adotado apenas um caminho, os ramos alternativos devem reconverter-se sem sincronização.
3. **O Padrão 8 (Fusão múltipla)** é um ponto num processo de fluxo de trabalho em que duas ou mais ramificações se reconvertem sem sincronização. Se mais de um ramo for ativado, possivelmente em simultâneo, a atividade que se segue à fusão é iniciada uma vez por cada ramo de entrada que é

ativado.

4. **O padrão 9 (Discriminador)** é um ponto num processo de fluxo de trabalho que aguarda a conclusão de um certo número de ramificações de entrada antes de ativar a atividade subsequente. A partir desse momento, aguarda que todas as restantes ramificações sejam concluídas e "ignora-as". Quando todas as ramificações de entrada tiverem sido activadas, reinicia-se para poder ser novamente ativado.

5.

6. **O padrão 10 (N-out-of-M Join)** é um ponto num processo de fluxo de trabalho em que M caminhos paralelos convergem num só. A atividade subsequente deve ser activada quando N caminhos estiverem concluídos. A conclusão de todos os caminhos restantes deve ser ignorada. À semelhança do discriminador, uma vez que todos os ramos de entrada tenham "disparado", a junção reinicializa-se para poder disparar novamente.

2.4.3 Padrões estruturais

1. **O Padrão 11 (Ciclos arbitrários)** é um ponto num processo de fluxo de trabalho em que uma ou mais actividades podem ser realizadas repetidamente.

2. **Padrão 12 (Terminação implícita)** um determinado subprocesso deve ser terminado quando não há mais nada a fazer.

2.4.4 Padrões que envolvem várias instâncias

1. **Padrão 13 (Instâncias múltiplas com conhecimento prévio do tempo de projeto)** Descrição Para um caso, uma atividade é activada várias vezes. O número de instâncias de uma determinada atividade para um determinado caso é conhecido em tempo de conceção.

2. **Padrão 14 (Instâncias múltiplas com conhecimento prévio em tempo de execução)** para um caso, uma atividade é activada várias vezes. O número de instâncias de uma determinada atividade para um determinado caso é variável e pode depender das caraterísticas do caso ou da disponibilidade de recursos, mas é conhecido numa determinada fase do tempo de execução.

3. **Padrão 15 (Instâncias múltiplas sem conhecimento a priori em tempo de execução)** para um caso, uma atividade é activada várias vezes. O número de instâncias de uma determinada atividade para um determinado caso não é conhecido durante o tempo de conceção, nem é conhecido em qualquer fase do tempo de execução, antes de as instâncias dessa atividade terem de ser criadas.

4. **Padrão 16 (Instâncias múltiplas que requerem sincronização)** para um caso em que uma atividade é activada várias vezes. O número de instâncias pode não ser conhecido no momento da conceção. Após a conclusão de todas as instâncias dessa atividade, outra atividade deve ser iniciada.

2.4.5 Relações temporais

Estes padrões descrevem a relação temporal complexa entre duas actividades

Padrão 17 (Sequência intercalada) duas actividades que têm uma relação temporal interdependente, para além da simples sequenciação.

2.4.6 Padrões baseados no Estado

Descrever situações em que a execução depende do estado de uma instância de processo [6].

1. **O padrão 18 (XOR-split diferido)** é o ponto do processo de fluxo de trabalho em que é escolhida uma de várias ramificações. Ao contrário da divisão XOR, a escolha não é feita explicitamente (por exemplo, com base em dados ou numa decisão), mas são oferecidas várias alternativas ao ambiente. No entanto, ao contrário da divisão AND, apenas uma das alternativas é executada.
2. **Padrão 19 (Encaminhamento paralelo intercalado)**: um conjunto de actividades é executado numa ordem arbitrária: Cada atividade do conjunto é executada, a ordem é decidida em tempo de execução
3. **Padrão 20 (Marco):** a ativação de uma atividade depende de o processo se encontrar num estado especificado, ou seja, a atividade só é activada se for atingido um determinado marco que ainda não expirou.

2.4.7 Padrões de cancelamento

envolve a capacidade de retirar uma atividade, ou um conjunto de instâncias de tarefas no mesmo caso ou uma instância de processo inteira [6].

1. **Padrão 21 (Cancelar atividade)** Uma atividade activada é desactivada.
2. **O padrão 22 (Cancelar caso)**, ou seja, a instância do fluxo de trabalho, é completamente eliminado.

2.4.8 Sincronização entre fluxos de trabalho

Estes padrões desencadeiam dependências entre fluxos de trabalho, especialmente a sincronização de actividades em diferentes fluxos de trabalho.

1. **Padrão 23 (Comunicação de mensagens)** a transmissão de uma mensagem de um remetente de mensagem num fluxo de trabalho (ou atividade composta) para um recetor de mensagem noutro fluxo de trabalho.
2. **Padrão 24 (coordenação de mensagens)** um remetente emite um pedido e, na extremidade "remetente", é antecipada uma resposta a esse pedido por um recetor subsequente associado ao remetente.
3. **Padrão 25 (envio de mensagens em massa)** Várias instâncias de receptores de mensagens do mesmo tipo são executadas em simultâneo.

2.5 Bizagi

O Bizagi é uma suite de software com dois produtos complementares, um Modelador de Processos e uma Suite BPM. Com o Bizagi, a maioria dos requisitos comuns e recorrentes na automatização de processos foram pré-construídos [7].

Servidor BPM da Bizagi

A figura (2-5) ilustra os principais componentes internos do servidor BPM da Bizagi, que suportam as funcionalidades orientadas para os processos da Bizagi e outras possibilidades de integração com o barramento de serviços empresariais e outros sistemas:

I. Portal de trabalho

A Bizagi apresenta um portal de trabalho baseado na Web para os utilizadores finais, onde lhes será apresentada uma caixa de entrada da sua lista de actividades "a fazer". O portal de trabalho é o ponto de acesso para os utilizadores finais, no qual irão interagir com o sistema.

II. Motor BPMN

O Motor BPMN é chamado no Bizagi de Motor de Fluxo de Trabalho, e controla e executa o fluxo de trabalho. O motor interpreta diretamente os processos modelados em BPMN.

III. Monitorização da atividade comercial (BAM) e análise

As funcionalidades BAM e Analytics fornecem relatórios poderosos para indicadores de gestão (para monitorizar e melhorar os processos). A análise gráfica é apresentada tanto para BAM (tempo real) como para Analytics (tendências históricas, estrangulamentos).

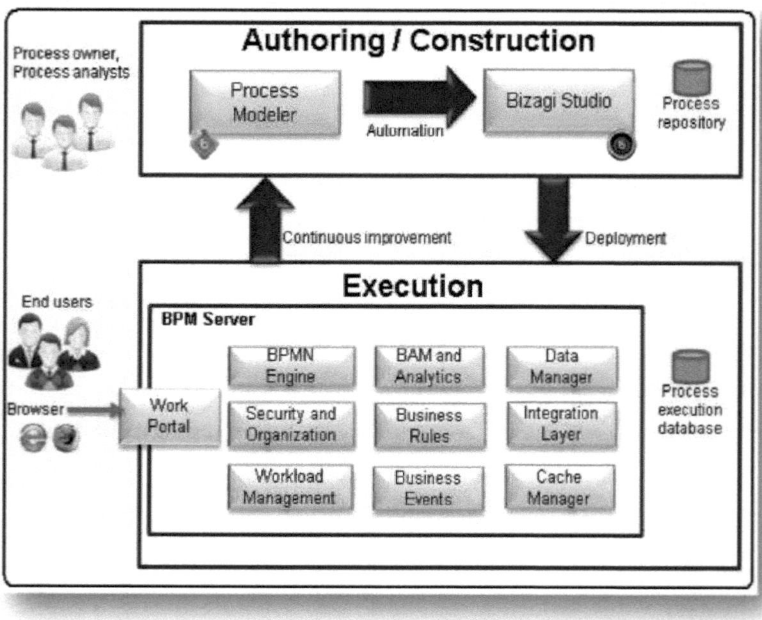

Figura (2.3): Arquitetura Bizagi [8]

IV. Gestor de dados

A Bizagi apresenta um poderoso motor de dados que se designa por Entity Manager. Este gere a informação de uma forma segura, consistente e integrada entre os seus diferentes componentes, permitindo o acesso à informação a partir dos processos.

V. Segurança e organização

Um módulo de segurança trata das opções de autenticação e autorização para as diferentes funções, competências, cargos, áreas e localizações definidas na estrutura organizacional.

VI. Regras de negócio

A Bizagi oferece um motor de regras comerciais para executar as políticas que compõem a lógica comercial. É executado no servidor BPM para permitir as diferentes transições do fluxo de trabalho, controlar e sincronizar a execução das actividades.

VII. Camada de integração

Uma camada de integração robusta, flexível e poderosa faz parte da solução para clientes empresariais.

VIII. Servidor de correio eletrónico

Os processos Bizagi podem enviar notificações automáticas por correio eletrónico utilizando um servidor de correio eletrónico compatível com SMTP.

IX. Gestão de conteúdos empresariais (ECM)

A Bizagi suporta a integração com sistemas de gestão de conteúdos empresariais que suportam a norma CMIS, tais como Sharepoint, Alfresco, Documentum, entre outros

X. Gestão do volume de trabalho

O encaminhamento e o balanceamento de cargas de trabalho podem ser configurados com os principais algoritmos utilizados, tais como: filas, round robin e balanceamento de carga.

XI. Eventos empresariais

A Bizagi suporta as diferentes possibilidades de os processos reagirem a eventos comerciais desencadeados principalmente por outro processo, ou do tipo assíncrono.

XII. Gestor de cache

O Cache Manager é uma melhoria significativa em projectos de missão crítica em grandes clientes, que contam com um elevado número de utilizadores.

XIII. Enterprise Service Bus, ERP, aplicações principais e sistemas legados:

O Bizagi suporta a integração com o ESB da empresa e qualquer outro sistema, quer através da utilização de serviços Web quer através de invocações diretas de API [8].

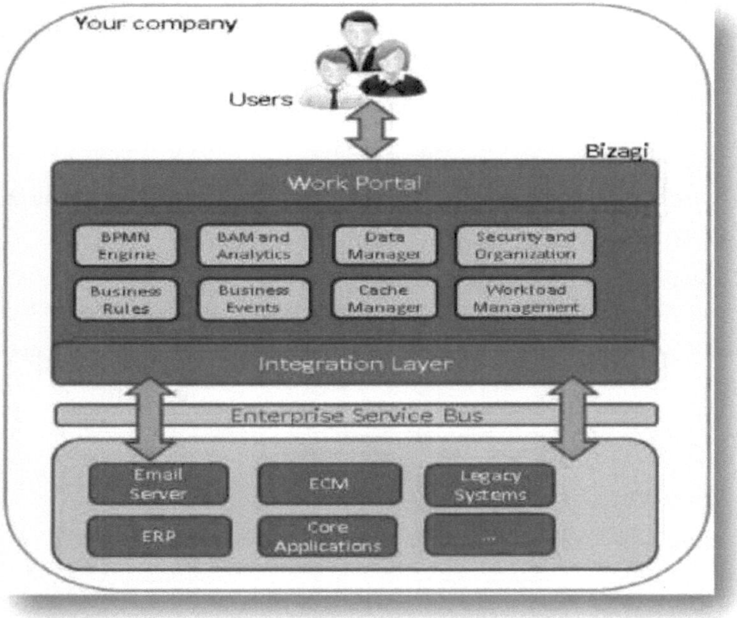

Figura (2.4): Servidor BPM da Bizagi [8]

2.6 Gestão do fluxo de trabalho do ProcessMaker

O software de gestão de fluxos de trabalho ProcessMaker permite que as organizações públicas e privadas automatizem processos baseados em aprovação e com uso intensivo de documentos em todos os departamentos e sistemas. Os utilizadores empresariais e os especialistas em processos sem experiência em programação podem conceber e executar fluxos de trabalho. Oferece as seguintes vantagens [9]

2.6.1. Arquitetura do ProcessMaker

A ProcessMaker foi concebida com base na pilha Linux\Windows, Apache, Mysql e PHP (LAMP/WAMP) [10]

1. O sistema operativo é o Linux, UNIX ou Microsoft Windows.
2. Apache, o servidor Web.
3. MySql, o servidor de base de dados.
4. PHP, a linguagem de programação.

O ProcessMaker utiliza o software de mapeamento objeto-relacional Propel para mapear entre as classes PHP do ProcessMaker e as bases de dados. Isto permite o acesso a diferentes SGBD, incluindo MySql, PostgreSQL, Oracle e SQL Server (e Sybase se estiver a utilizar Linux/UNIX). Foi concebido com base na estrutura Gulliver, uma estrutura de desenvolvimento de código aberto criada por Colosa.

O ProcessMaker utiliza RBAC para gerir as funções dos utilizadores. Utiliza Php Soap para gerir serviços web com SOAP e utiliza 2 motores de correio eletrónico: A função mail() incorporada no PHP e o PHP Mailer. O ProcessMaker é baseado na Web e é multi-browser, embora esteja optimizado para o Mozilla Firefox.

2.6.2 Arquitetura do sistema

O ProcessMaker contém dois componentes principais, um ambiente de design e um motor de tempo de execução.

1. O ambiente de conceção inclui ferramentas para mapear processos, definir regras comerciais, criar formulários dinâmicos e adicionar documentos de entrada e saída.
2. O motor de tempo de execução permite que os casos sejam iniciados e executados ao longo do processo.

O ProcessMaker é baseado na web e multi-browser, embora esteja optimizado para o Mozilla Firefox. Utilizando SOAP, o ProcessMaker pode ligar-se através de serviços web a outros sistemas, incluindo, mas não se limitando a, sistemas DMS e CRM, middleware, mensagens, PM Mobile, e Utilizando LDAP, o ProcessMaker será capaz de gerir uma elevada autenticação de utilizadores [10].

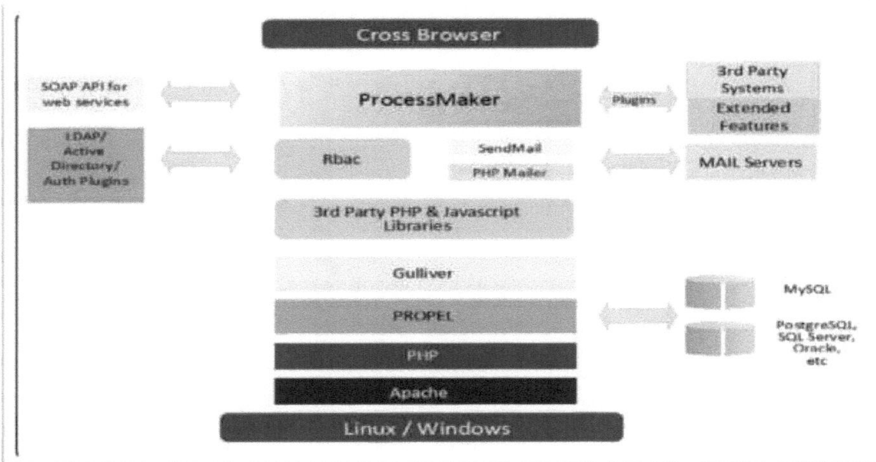

Figura (2.5): Arquitetura do ProcessMaker[10]

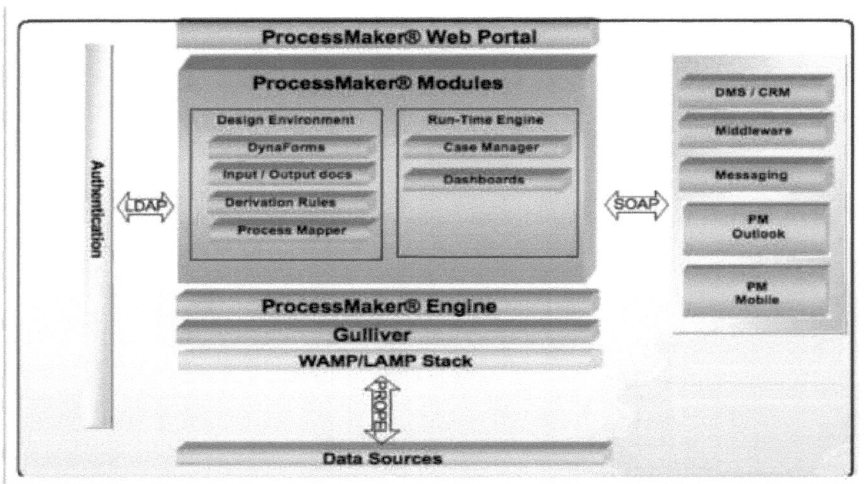

Figura (2.6): Arquitetura do sistema ProcessMaker[10]

Capítulo Três: Estudo Prévio em Sistema de Gestão de Processos de Negócio e Workflow

3.1 Introdução

Nie, Seppala e Hafrén propuseram um quadro para comparar WFMS [12]. O seu estudo propôs uma estrutura e aplicou um sistema bancário com ambas as ferramentas e, por fim, comparou os resultados de acordo com a estrutura proposta. Compararam o JBoss jBPM e o Intalio BPMS, ambas as ferramentas são produtos de código aberto para a gestão de processos empresariais.

O estudo define um processo simples de pedido de empréstimo a ser implementado. O fluxo de trabalho básico é ilustrado utilizando os designers de ambas as ferramentas; a sequência do procedimento básico é apresentada em seguida [12]:

1. O utilizador solicita um empréstimo.
2. O processo avalia o pedido de empréstimo.
3. Processar pedidos de mais informações.
4. O processo fornece mais informações.
5. O processo aprova/desaprova o pedido de empréstimo.

3.2 Quadro de comparação

O objetivo do quadro de comparação é permitir uma comparação entre ferramentas BPM. No final da comparação, os utilizadores serão capazes de mostrar os pontos fortes relativos das ferramentas comparadas em diferentes áreas-chave. O objetivo na construção do quadro de comparação é assegurar que as categorias-chave para a comparação foram identificadas e compreendidas.

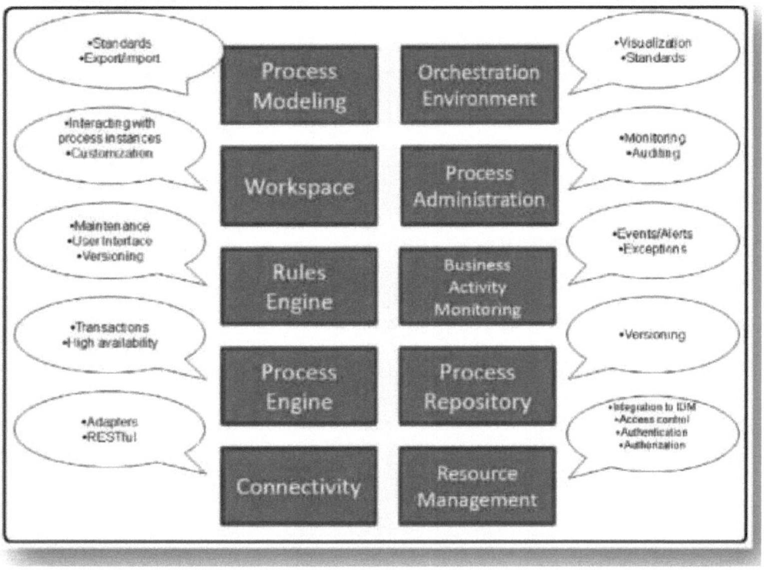

Figura (3.1): Categorias do Quadro de Avaliação [12]

3.4 Avaliação

Esta secção apresenta a avaliação do quadro após a aplicação do processo empresarial e o produto final estar disponível, avaliação essa que é feita da seguinte forma [12]:

1. Comparação de projectistas

Eles constatam que o jBPM designer não implementa swimlanes na visualização como mostrado na figura (3.2), embora seja possível definir swimlanes também no jBPM designer. Comparado ao Intalio Designer, o jBPM designer é mais voltado para desenvolvedores. A Intalio, por outro lado, implementa a notação BPMN e, portanto, é um conceito mais familiar para pessoas de negócios, conforme mostrado na figura (3.2). O diagrama Intalio dá uma melhor visão geral de todo o processo, incluindo os pormenores.

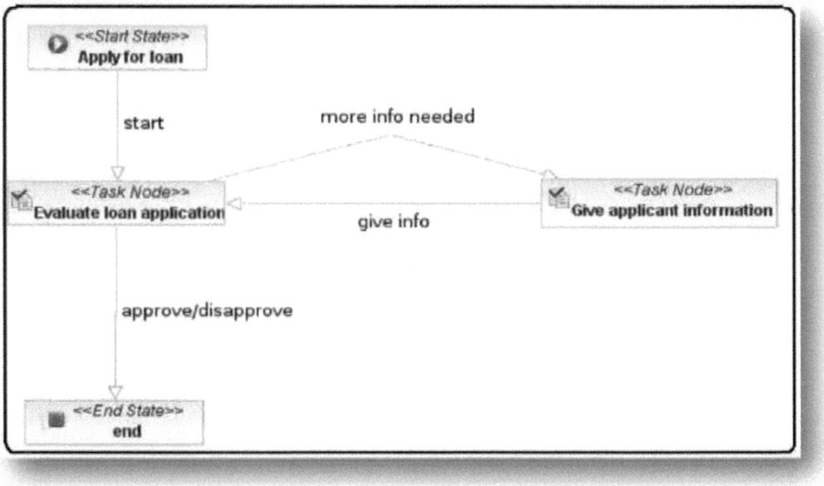

Figura (3.2) Diagrama do processo jBPM[12]

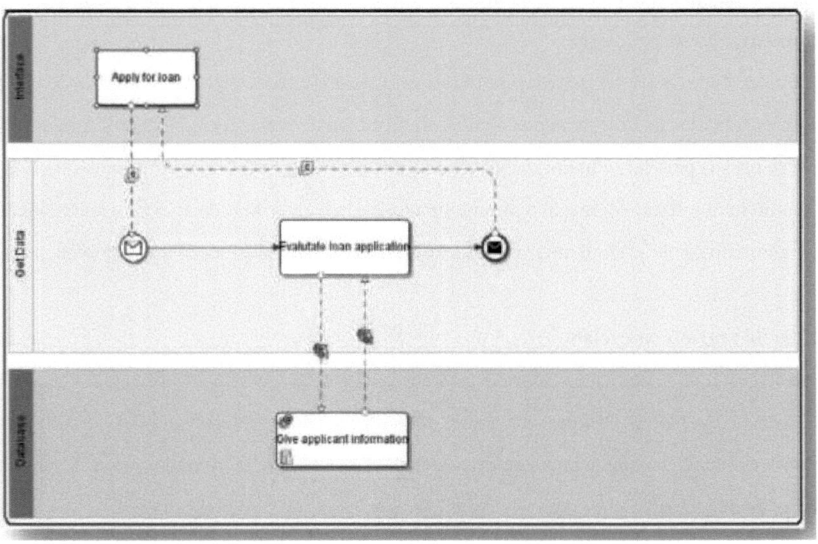

Figura (3.3): Diagrama de processo do BPMS da Intalio[12]

2. Ambientes de modelação e orquestração de processos

Discutem duas opções alternativas nativas das ferramentas avaliadas no que respeita à modelação de processos: jPDL para JBoss e BPEL para Intalio. A modelagem de processos é executada no ambiente de orquestração.

Concluíram que, em termos de visualização, a Intalio é a ferramenta mais forte. Em termos de modelagem de processos, é difícil dizer devido às diferentes abordagens. Devido à superioridade da visualização, a Intalio recebe 3 pontos para a modelagem de processos.

3. Espaço de trabalho

Os espaços de trabalho em JBoss e Intalio permitem que usuários e administradores interajam com processos. O espaço de trabalho mostra as tarefas (a que um utilizador deve responder) e os processos e apresenta formulários. Os utilizadores podem interagir com os processos através dos formulários que são gerados a partir do ambiente de orquestração. Ambas as ferramentas suportam todas as funcionalidades básicas e não se encontram diferenças claras na funcionalidade básica. Ambas as ferramentas cobrem os requisitos do seu quadro de avaliação. No entanto, de acordo com a sua experiência, a Intalio é mais intuitiva de utilizar. Ambas as ferramentas recebem 2 pontos.

4. Administração de processos

Tanto a Intalio como a JBoss apenas suportam pistas de auditoria construídas a partir de dados de instância armazenados na base de dados. Ambas as ferramentas armazenam os dados, mas, de acordo com as suas provas práticas, é muito difícil criar as pistas de auditoria a partir destes dados.

Nem a Intalio nem a JBoss oferecem a mesma funcionalidade de trilhas de auditoria automáticas que algumas alternativas de código não aberto. Ambas as ferramentas recebem 2 pontos para esta categoria.

5. Gestão de regras comerciais

O JBoss fornece uma ferramenta poderosa para ser usada no gerenciamento de regras de negócios: JBoss Rules ou Drools. O Drools vem com a plataforma JBoss Enterprise SOA. O JBoss Rules suporta uma variedade de linguagens e entradas de tabela de decisão, facilitando a modificação rápida de políticas de negócios.

A partir de Intalio BPMS 5, a ferramenta Intalio foi integrada ao OpenLexicon Business Rule Engine. O OpenLexicon tem de ser instalado separadamente, mas está integrado para funcionar com o Intalio BPMS 5. Tanto o JBoss Rules como o OpenLexicon são pacotes maduros para a gestão de regras e não encontrámos quaisquer vantagens significativas em nenhum deles. Por conseguinte, atribuímos-lhes 2 pontos cada.

6. Monitorização da atividade comercial

A JBoss não fornece um bom monitoramento de atividades comerciais, mas a SeeWhy criou um pacote BAM avançado. A partir do Intalio BPMS 5.2, um Intalio BAM está incluído no pacote. Com este melhoramento, a Intalio fornece uma monitorização avançada da atividade comercial. Nenhuma das duas ferramentas fornece BAM nas versões que foram utilizadas. Por conseguinte, atribuem-lhes 1 ponto por não satisfazerem as suas expectativas.

7. Motor de processo

O JBoss jBPM permite flexibilidade ao suportar várias linguagens de processo com a mesma plataforma de mecanismo de processo. O jBPM não facilita a compensação de transações de outras formas além de uma simples reversão do banco de dados.

A edição comunitária do BPMS Intalio foi concebida para ser implementada sobre o servidor Apache Geronimo e implementada juntamente com uma base de dados MySQL. Intalio suporta importações de várias linguagens de definição de processos, mas o motor em si suporta BPEL.

Atribuem 3 pontos ao BPMS Intalio por ter melhor suporte para transacções de compensação e 2 pontos ao JBoss jBPM.

8. Repositório de processos

Nem a jBPM nem a Intalio oferecem controle de versão de processo abrangente. As versões activas actuais só podem ser identificadas pelo nome do ficheiro ou pelo título da versão no registo. Em ambas as ferramentas é possível ativar uma versão mais antiga de um processo. Pelo facto de não suportarem quaisquer repositórios do tipo SVN para processos prontos a utilizar, ambas as ferramentas obtêm apenas 1 ponto nesta categoria.

9. Gestão de recursos

A Intalio suporta LDAP RBAC para controlo de acesso. O jBPM pode ser alargado com suporte LDAP após algumas configurações no JBoss. Relativamente à IDM (Gestão de Identidade), não foi possível encontrar qualquer material relevante na jBPM e na Intalio. Ambas as ferramentas possuem um modelo de identidade para controlo e gestão de componentes de processos. A Intalio recebe 2 pontos pelo melhor suporte a LDAP e a JBoss apenas 1 ponto.

10. Conectividade

A conetividade refere-se à forma como o sistema é capaz de se ligar utilizando diferentes normas, as ferramentas suportam adaptadores JCA baseados em normas, o que pode poupar muito dinheiro e tempo.

11. Resultado

A escala dos seus resultados é de 1 (não corresponde às expectativas) a 3 (excede as expectativas).

Critérios	JBoss jBPM	Intalio BPMS
Iiiodelnigência de processos	2	3
Espaço de trabalho	2	2
Administração de processos	2	2
Gestão de regras comerciais	2	2
Monitorização da atividade comercial	1	1
Motor de processo	2	3
Repositório de processos	1	1
Gestão de recursos	1	2
Conectividade	3	2
Total	16	18

Quadro (3.1) Síntese dos resultados [12]

Capítulo Quatro: Estudo de caso num sistema de gestão de processos de negócio e de fluxo de trabalho

4.1 Introdução

A manipulação da candidatura dos candidatos a um mestrado é uma tarefa complicada que envolve muitos participantes: funcionários da faculdade de pós-graduação, académicos da faculdade em causa e o próprio candidato. Isto faz com que seja um pequeno sistema de fluxo de trabalho típico.

Há muitas formas de comparar os SGAF, quer comparando-os teoricamente, como funcionam e qual a sua estrutura, quer comparando-os na prática, como Nie comparou as duas ferramentas. A investigação adaptou o quadro de comparação da secção (4-1) e propôs uma comparação adaptada do quadro, como mostra a figura (3-9).

Os dois sistemas foram desenvolvidos com recurso a ambas as ferramentas, utilizando o processo de candidatura a um mestrado como estudo de caso. A tese desenvolve um quadro de comparação, que cobre a área de comparação. A licença académica do Bizagi vsersion9.1.5.1017 e do ProcessMaker versão 2.0.38 foi utilizada para desenvolver os sistemas.

A secção (4.2.1) descreve a aplicação de mestrado em linha utilizada como estudo de caso na tese. As secções (4.2.2) e (4.2.3) descrevem os sistemas utilizando a linguagem de modelação unificada, enquanto a secção (4.2.4) explica o diagrama do processo empresarial para um estudo de caso. A secção (4.3) descreve o quadro proposto e os seus componentes. Esta secção contém cinco subsecções, cada uma das quais compara uma fase do quadro com ambas as ferramentas. Finalmente, a secção (4.4) apresenta as conclusões do capítulo.

com ambas as ferramentas. Por último, a secção (4.4) apresenta as conclusões do capítulo.

4.2 Estudo de caso

4.2.1 Descrição do sistema

A ideia principal do sistema é que o estudante entre no sistema, pague as taxas de candidatura e preencha o formulário de candidatura de acordo com o programa que pretende frequentar, e envie a candidatura. A contabilidade recebe a candidatura e verifica-a, se o requerente pagar a taxa é imediatamente encaminhada para a admissão, caso contrário será suspensa, quando a admissão receber a candidatura e a processar, se o requerente tiver requisitos de admissão, a candidatura é enviada para o ministério para verificar o certificado do requerente e responder à admissão, se o certificado não for aprovado o estudante será notificado, caso contrário a candidatura é enviada para a faculdade. Quando a faculdade recebe a candidatura, verifica-a e responde à admissão, após o que a admissão responde ao estudante informando-o do resultado final da colagem e da admissão.

4.2.2 Diagramas de casos de uso

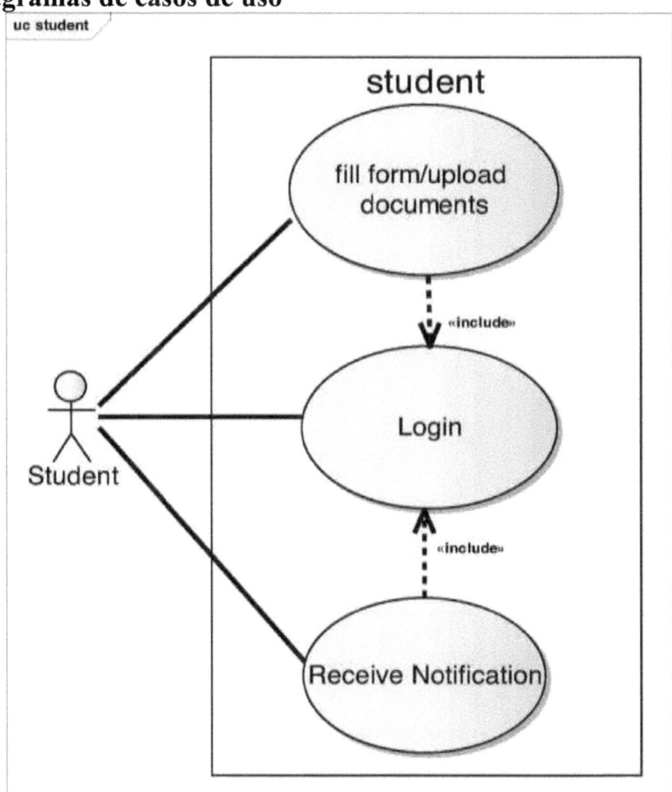

Figura (4-1): caso de utilização dos estudantes

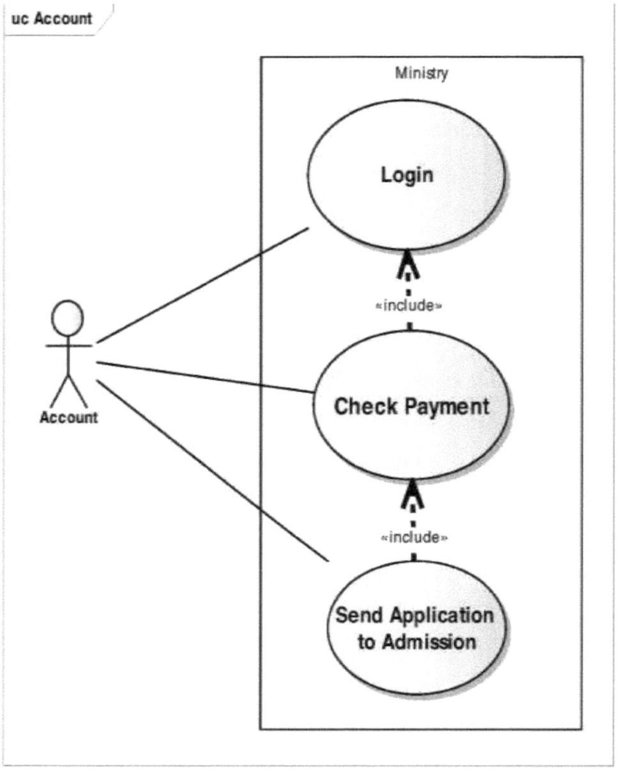

Figura (4-2): Caso de utilização do contabilista

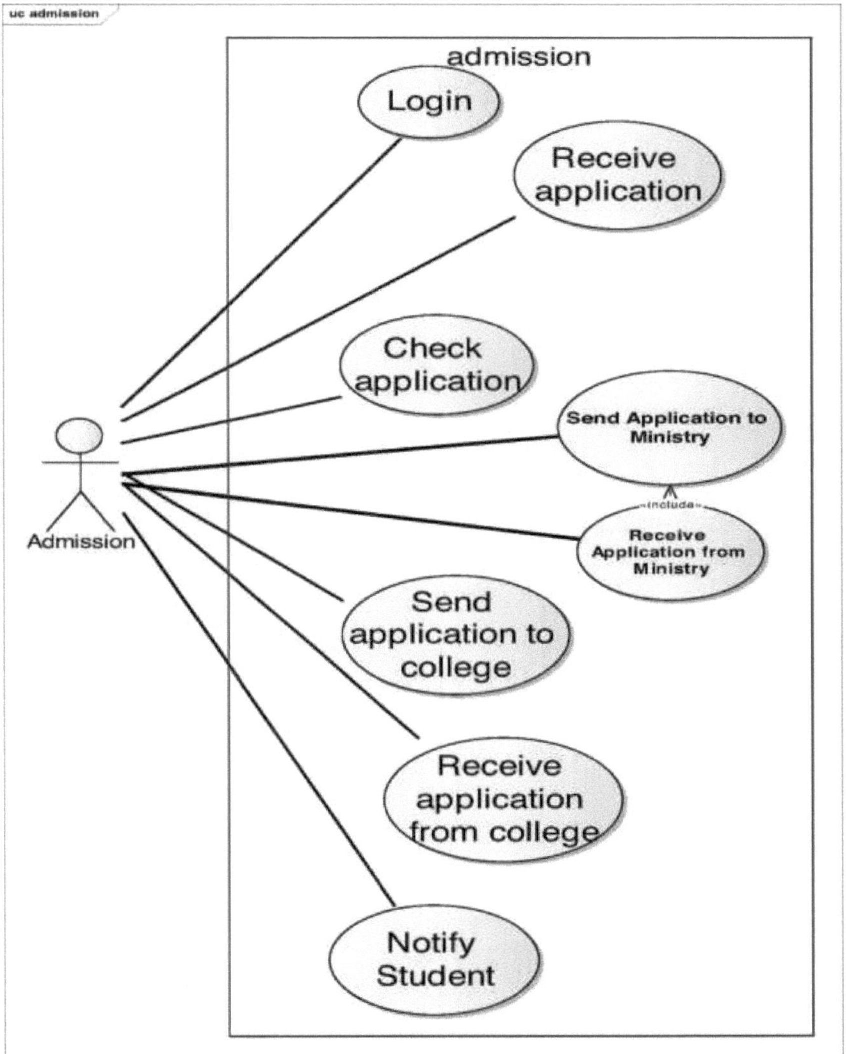

Figura (4-3): Caso de utilização de admissão

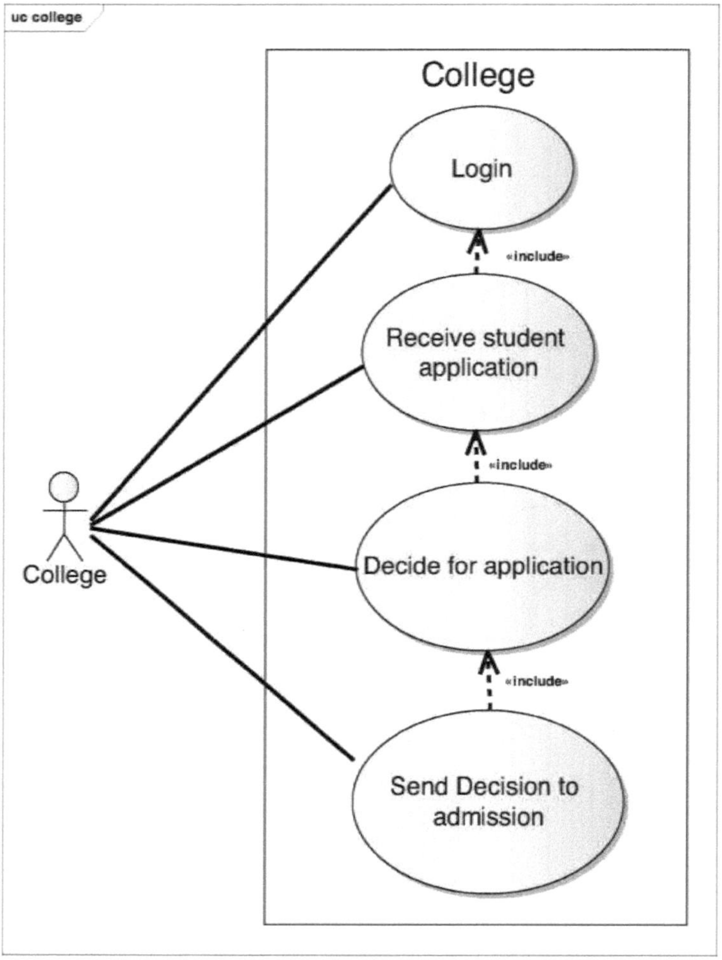

Figura (4-4): Caso de utilização do colégio

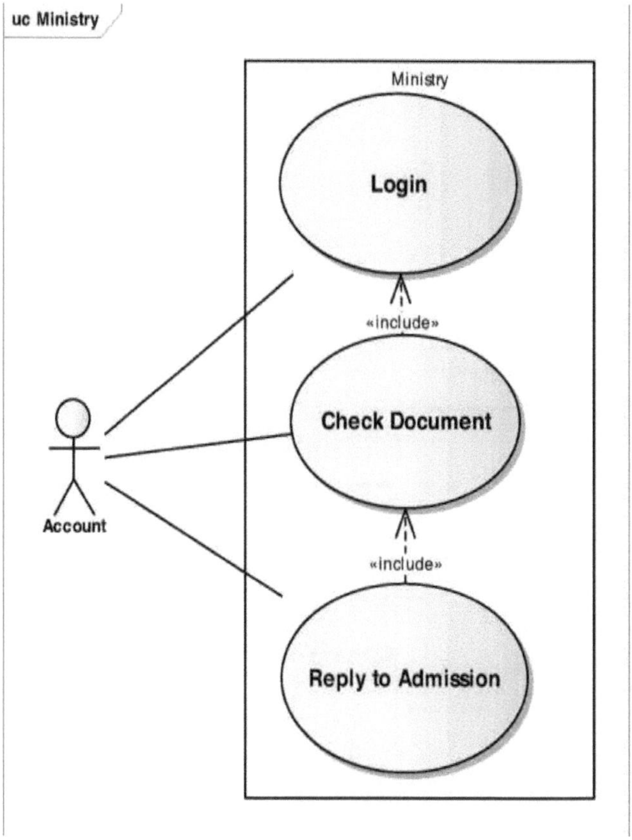

Figura (4-5): Caso de utilização do ministério

4.2.3 Diagrama de sequência

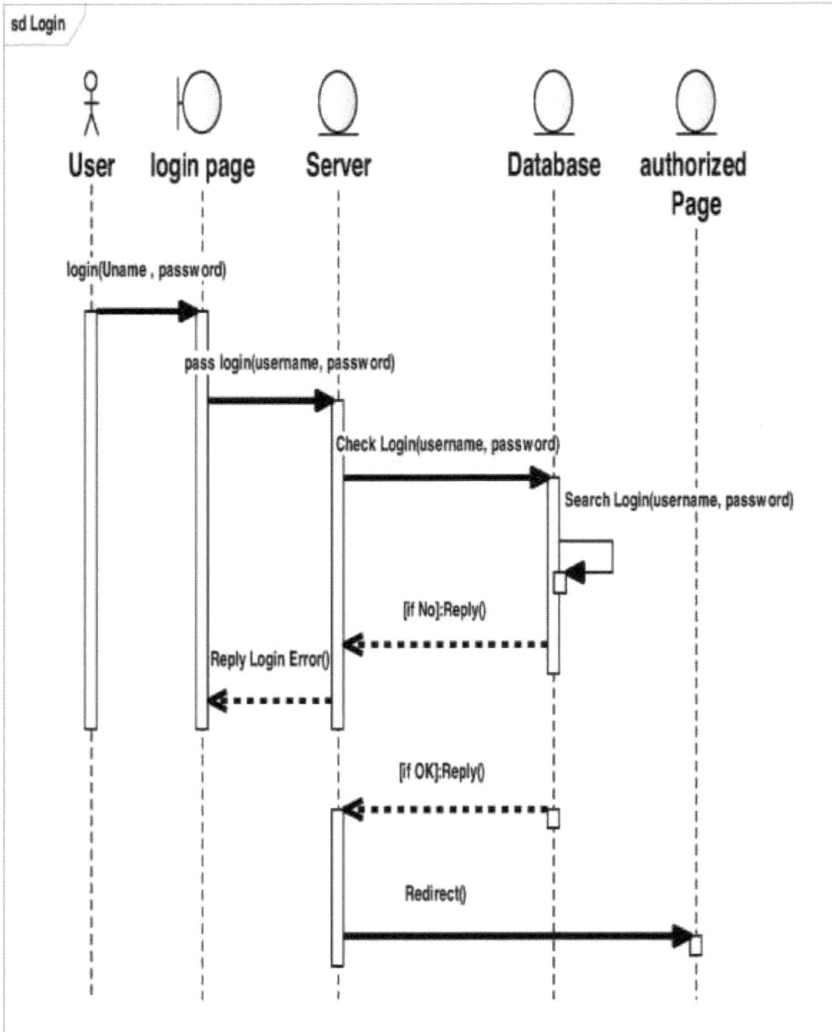

Figura (4-6): Diagrama de sequência de início de sessão

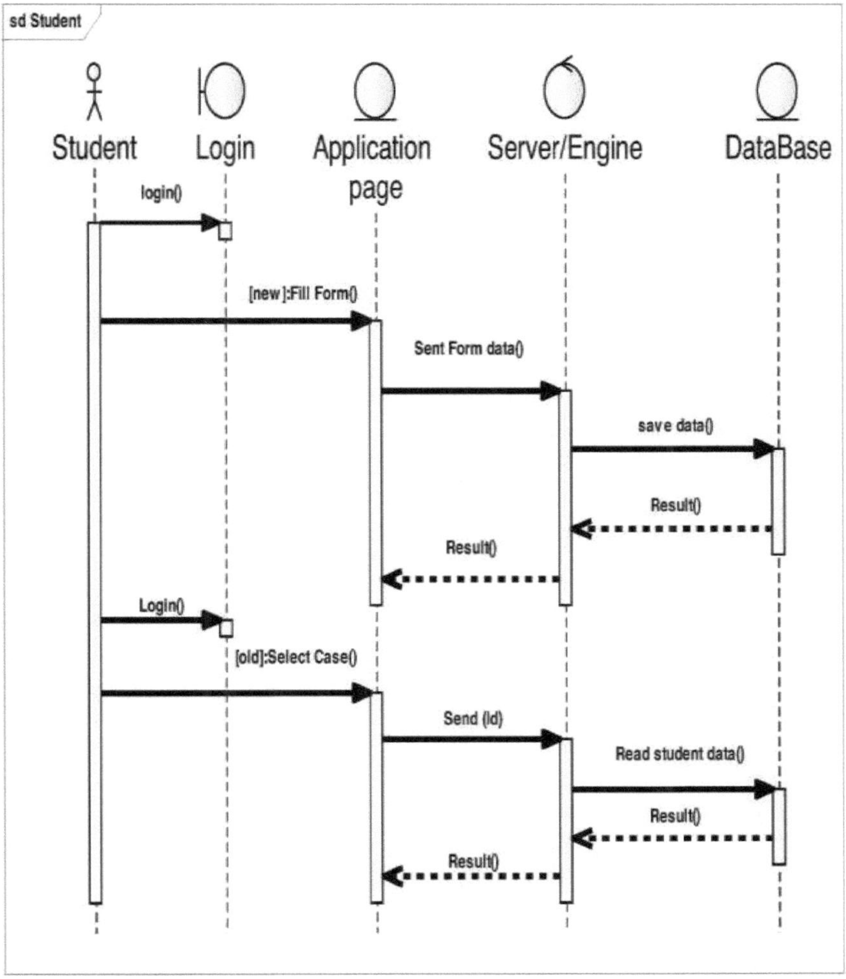

Figura (4-7): diagrama de sequência do aluno

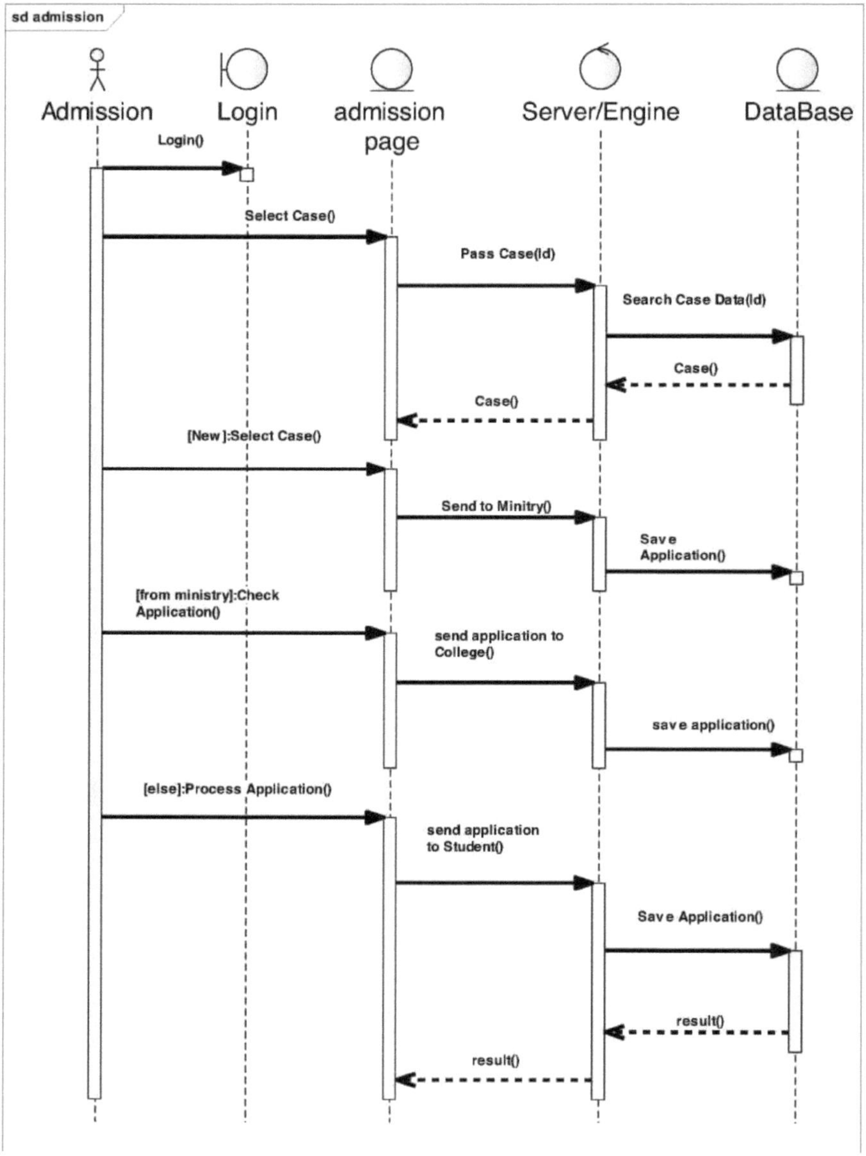

Figura (4-8): diagrama de sequência de admissão

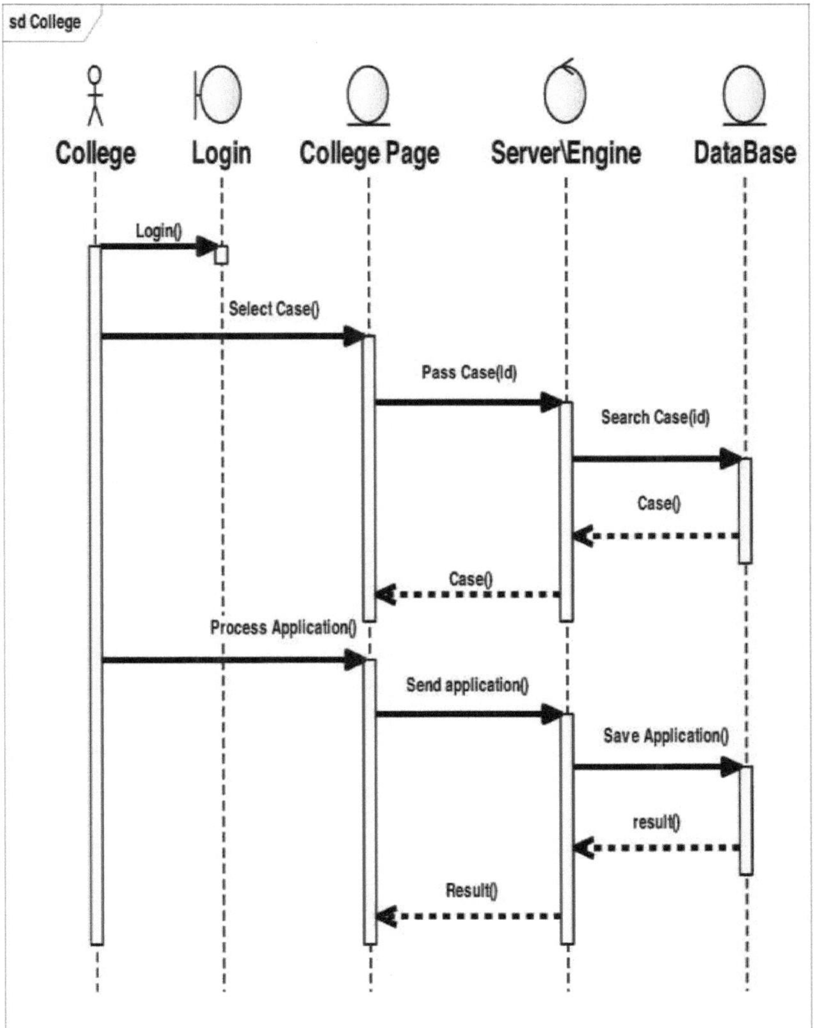

Figura (4-9): Diagrama de sequência da faculdade

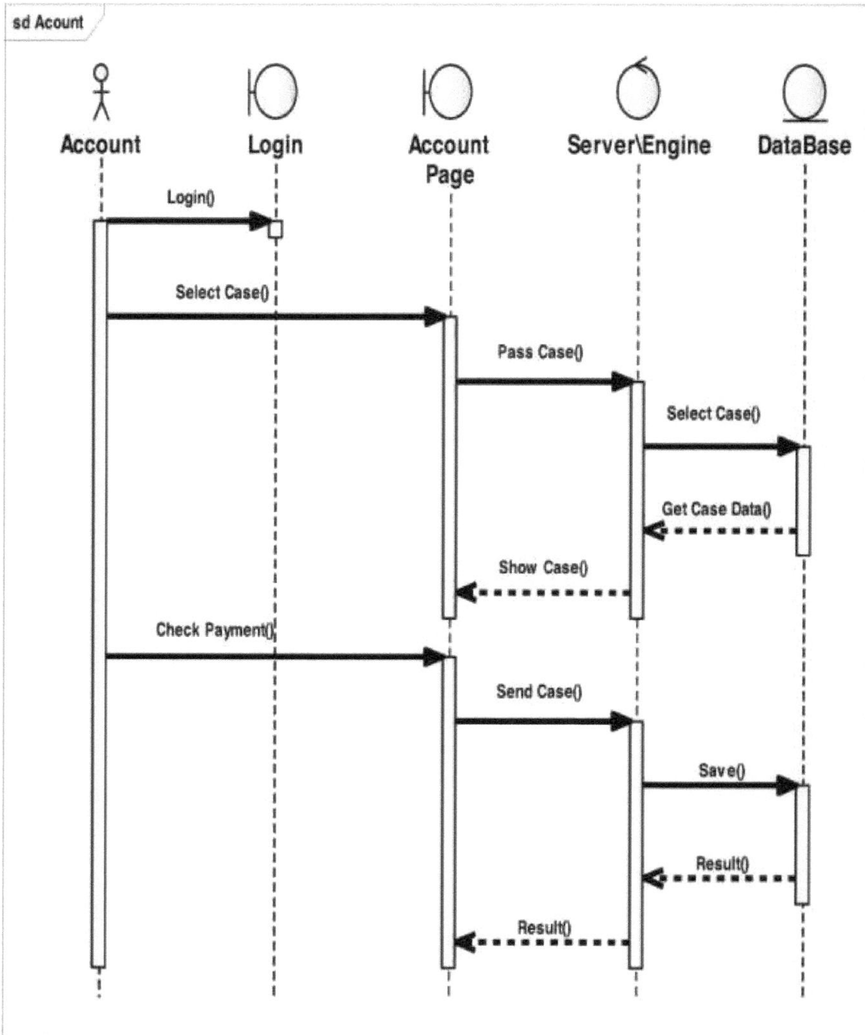

Figura (4-10): Diagrama de sequência de contas

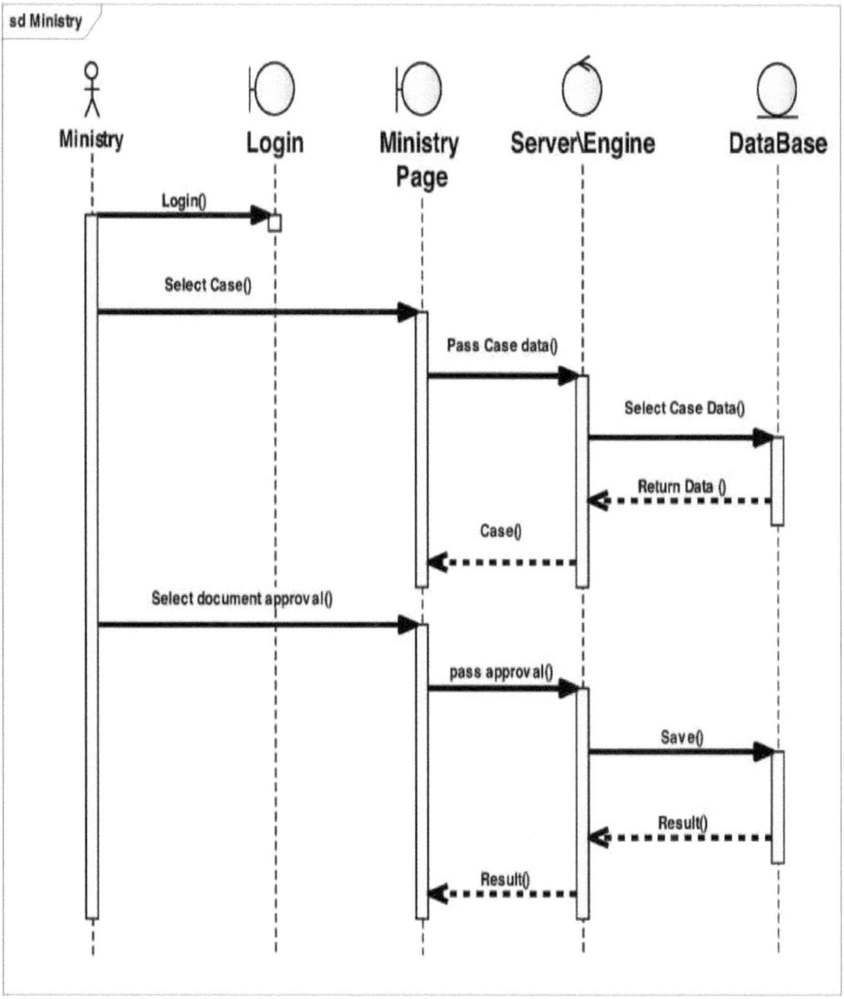

Figura (4-11): Diagrama de sequência de ministérios

4.2.4 Modelação de processos empresariais

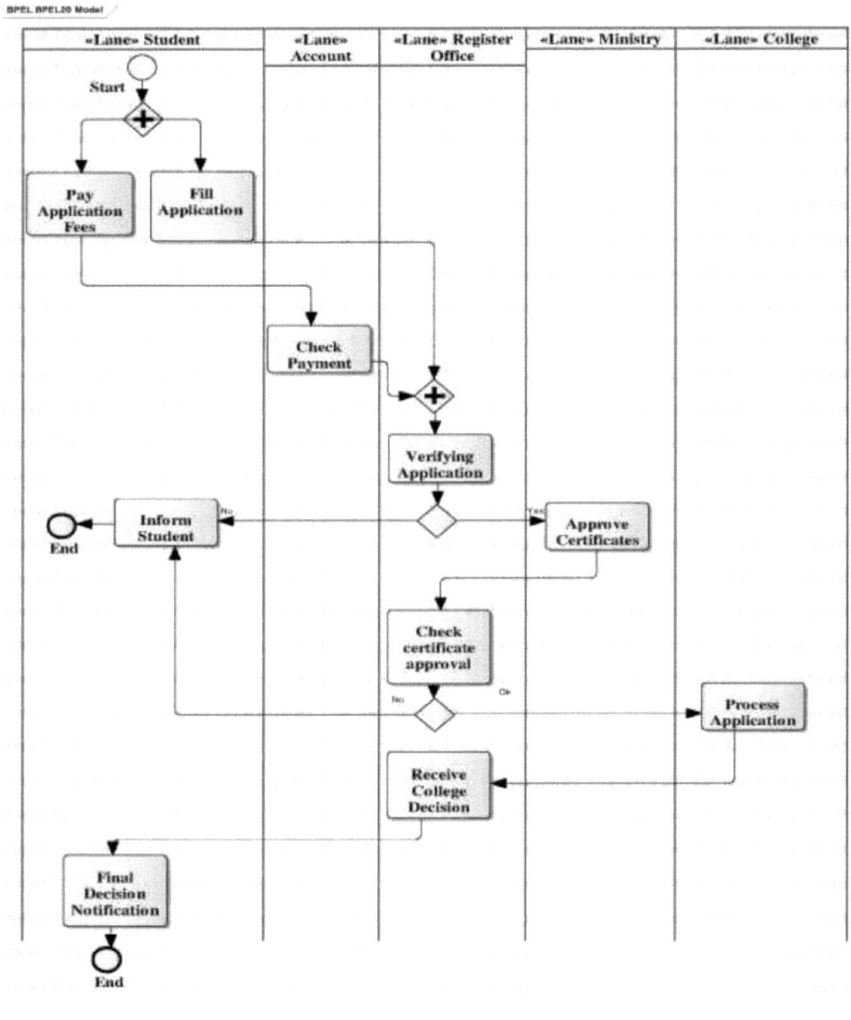

Figura (4-12) Modelação de processos empresariais

4.3 Fase de comparação

Para o sistema descrito nas partes anteriores, foram implementados dois sistemas utilizando o ProcessMaker e o Bizagi. Após a implementação dos sistemas, a investigação compara os sistemas utilizando o quadro ilustrado na figura (3-9).

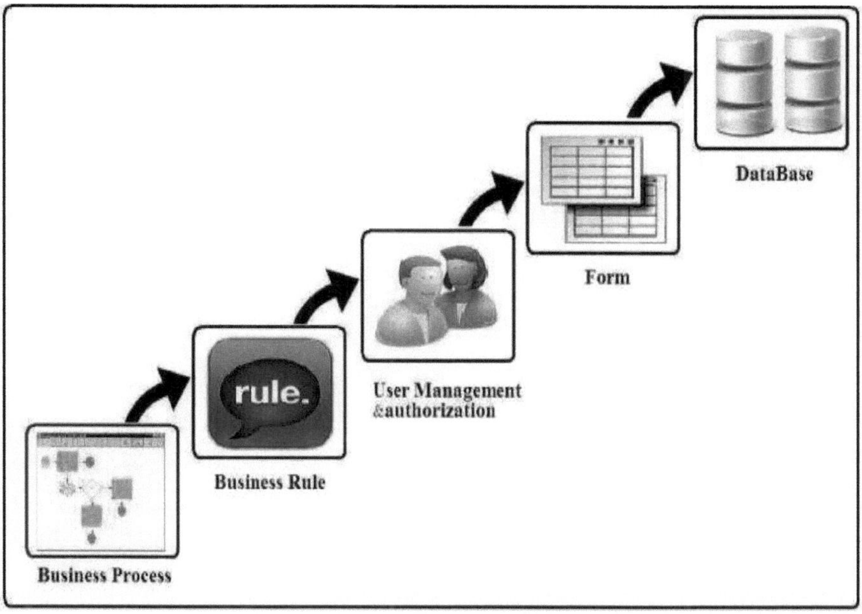

Figura (4-13): Quadro de comparação

Tal como na figura (3-9), o quadro de comparação adaptado é composto por cinco níveis: processo comercial, regra comercial, gestão e autorização de utilizadores, formulário e base de dados. A experiência no desenvolvimento de sistemas de fluxo de trabalho mostra que as áreas mais comuns são as apresentadas no quadro da figura (3-9). A subsecção seguinte apresenta as comparações entre estes dois sistemas de acordo com o quadro mencionado. Quando as ferramentas são iguais na comparação, obtêm um ponto; quando as ferramentas não suportam as propriedades, obtêm 0 ponto; e são atribuídos dois pontos à ferramenta que suporta a propriedade.

4.3.1 Modelação de processos empresariais

A modelação de processos é utilizada para modelar um sistema utilizando a Notação de Modelação de Processos Empresariais (BPMN), como mostra a figura (3-8). Esta modelação permite-lhe compreender facilmente a lógica do sistema e quem é responsável por cada tarefa no sistema.

A Bizagi usa o Bizagi Process Modeler para modelar BPMN, enquanto o ProcessMaker usa o Designer.

O Bizagi Process Modeler permite-lhe desenhar o processo comercial do sistema e exportar e importar o processo em vários formatos, incluindo: XPDL, Visio, e exportar PDF, Word, Imagem. Além disso, o Bizagi Process Modeler proporciona um ambiente bonito e cómodo.

O ProcessMaker Designer é utilizado para conceber um processo empresarial no ProcessMaker e permite-lhe exportar e importar processos apenas para .XPDL e .pm.

O processo exportado que tem .pm é importado apenas para o ProcessMaker, enquanto o .XPDL pode ser importado para outro motor de processos empresariais. Quando o Bizagi .XPDL é importado para o designer do ProcessMaker, é produzido um diagrama de processos empresariais que não representa a via. O designer não tem um ambiente bonito e conveniente como o Bizagi Process Modeler.

Com base em experiências na modelação de processos, o Bizagi Process Modeler é melhor do que o ProcessMaker Designer. Neste caso, o Bizagi atribui 2 pontos porque representa a via que não é representada no ProcessMaker, que atribui um ponto.

4.3.2 Regras de negócio

Uma regra de negócio é qualquer coisa que capta e implementa políticas e práticas de negócio. Uma regra pode aplicar uma política comercial, tomar uma decisão ou inferir novos dados a partir de dados existentes.

A Bizagi oferece um ambiente gráfico simples que permite aos analistas comerciais definir e gerir regras e políticas comerciais. As regras são geridas independentemente dos processos individuais, de modo a poderem ser partilhadas por outros processos. O ambiente Web do Bizagi permite a modificação das regras comerciais em tempo real, permitindo alterações imediatas para apoiar as necessidades comerciais [14].

O ProcessMaker possui um motor de regras de negócio incorporado, simples de utilizar, que conduz a lógica subjacente ao processo. Em cada porta de decisão, os analistas de negócio podem incorporar a lógica para determinar como um processo deve seguir um determinado caminho em vez de outro no processo de negócio [15]. O fluxo de trabalho em linha pode mudar o seu curso de acordo com uma condição. A regra de derivação por avaliação suporta esta caraterística utilizando variáveis de caso para criar condições [16].

No projeto, as regras de negócio são aplicadas quando o estudante preenche o formulário de candidatura ou paga as propinas, então as duas tarefas têm de ser unidas para iniciar a tarefa seguinte: a contabilidade recebe e verifica o pagamento do estudante e envia o pedido para a admissão, que recebe e verifica o pedido, quando o pedido não satisfaz os requisitos de admissão, responde ao estudante ou envia o pedido para o ministério. O ministério aprova o certificado e responde à admissão, depois a admissão verifica o pedido e envia-o quer ao estudante, quando este não é admitido, quer à faculdade, quando o pedido satisfaz os requisitos de admissão.

Assim, a partir da experiência, ambas as ferramentas fornecem bons métodos para criar regras de negócio adequadas e ambas podem interagir com os dados do formulário para criar regras de negócio. Assim, é atribuído um ponto a ambas as ferramentas.

4.3.3 Gestão de utilizadores e autorizações

No fluxo de trabalho, é necessário atribuir cada tarefa a um utilizador ou a um grupo de utilizadores. As tarefas que não têm um utilizador não são envolvidas no sistema durante a execução.

Uma organização no Bizagi é onde o utilizador pode definir a estrutura hierárquica da empresa e a associação entre as diferentes pessoas ou áreas que a compõem

1. Áreas: departamento de uma organização.
2. Localização: localização geográfica. Esta secção também define escritórios ou sucursais, se aplicável. No Bizagi, um utilizador só pode pertencer a uma localização.
3. Cargo: estrutura da organização. Indica os cargos e a sua cadeia de comando. No Bizagi, um utilizador pode ter um ou mais cargos.
4. Funções: Conduta ou função desempenhada por uma pessoa na organização. No Bizagi, um utilizador pode ter uma ou mais funções.
5. Competências: capacidade ou aptidão para uma ação. As competências especiais de uma pessoa permitem-lhe realizar uma atividade. Em Bizagi, um utilizador pode ter uma ou mais competências.
6. Propriedades do utilizador: um conjunto de caraterísticas do utilizador. Bizagi contém um conjunto de propriedades como nome, e-mail, superior imediato, etc. No entanto, é possível definir propriedades adicionais do utilizador necessárias para processos ou atribuições, ou simplesmente como informação adicional do utilizador.
7. Grupos de utilizadores: Perfis de utilizador ou um conjunto de caraterísticas de um colaborador da organização.
8. Esquema de feriados: Contém os calendários de dias não úteis que se aplicam à organização. É possível definir esquemas diferentes, porque cada país, região ou cidade tem normalmente calendários de dias não úteis diferentes [17].

O projeto utilizou apenas a posição, a área, a função e o grupo de utilizadores.

Os utilizadores são classificados em quatro posições: estudante para todos os candidatos, admissão para a admissão, faculdade para todas as faculdades e administrador para o administrador.

Existem três áreas de utilizadores no projeto: Faculdade de Informática, Faculdade de Ciências e Faculdade de Engenharia. As funções dividem-se em função de administração e função de análise.

Existem quatro grupos de utilizadores definidos da seguinte forma:

1. Grupo de administradores: inclui apenas utilizadores com a posição de administrador e a sua função é de análise ou de administrador.
2. Grupo da faculdade: inclui apenas utilizadores com cargo na faculdade, função de análise e a área da faculdade de informática, faculdade de ciências e faculdade de engenharia.
3. Grupo de admissão: inclui apenas utilizadores com posição de admissão e função de análise.

4. Grupo de estudantes: inclui apenas utilizadores com posição de estudante e função de análise.

Quando for necessário permitir ou negar o acesso de um utilizador a objectos, comece por selecionar o objeto, selecione o grupo ou os utilizadores e, em , marque a opção "Permitir" para dar ao utilizador o privilégio de aceder ao objeto ou marque a opção "Negar" para revogar o privilégio do utilizador.

Ao criar um novo utilizador, é-lhe atribuída uma posição, uma função e, apenas para a faculdade, acrescentei a área, porque existem muitas faculdades e cada uma delas precisa de aceder aos seus próprios dados.

Por outro lado, o ProcessMaker organiza os utilizadores do sistema em utilizadores, grupos, departamentos e funções da seguinte forma:

1. Usuário: uma conta de usuário no ProcessMaker, que geralmente representa uma pessoa na sua organização
2. Grupos: os utilizadores podem ser atribuídos a zero, um ou mais grupos. Um grupo de utilizadores simplifica a atribuição de tarefas.
3. Departamentos: organiza os utilizadores segundo uma estrutura organizacional.
4. Funções: Permite definir papéis personalizados com diferentes níveis de permissões, de modo a que as funções e privilégios dos diferentes utilizadores possam ser facilmente controlados e geridos [18].

No projeto, utilizo apenas utilizadores, grupos e funções. Criei 5 utilizadores: estudante, admissão, faculdade de informática, faculdade de ciências e faculdade de engenharia. Existem três grupos: estudante, admissão e faculdade, que incluem os utilizadores das faculdades. Por defeito, o ProcessMaker tem 3 funções disponíveis com as seguintes permissões:

1. PROCESSMAKER_ADMIN: foi concebido para administradores de sistemas e designers de processos que necessitam de acesso a todas as caraterísticas e funcionalidades do ProcessMaker.
2. PROCESSMAKER_MANAGER: destina-se a utilizadores que necessitam de gerir casos, utilizadores e grupos e supervisionar a produtividade, mas não necessitam de conceber processos ou configurar o ProcessMaker.
3. PROCESSMAKER_OPERATOR: função destinada a utilizadores de produção normais que apenas necessitam de iniciar sessão e executar casos [19].

Ao criar um utilizador no Bizagi, pode ou não selecionar a função, enquanto no Processmaker tem de selecionar a função do utilizador. É fácil editar a função em ambas as ferramentas.

Ambas as ferramentas fornecem uma boa gestão de categorias de utilizadores e de autorizações, mas a Bizagi é preferida porque fornece mais categorias de utilizadores. Assim, são atribuídos 2 pontos à Bizagi e 1 ponto ao ProcessMaker.

4.3.4 Formulário

O Bizagi permite criar formulários e mapear os campos do formulário diretamente para o modelo de dados, ou seja, ao criar formulários, seleciona os campos do formulário a partir do modelo de dados. Trata-se de uma boa funcionalidade porque permite tratar muitas tabelas da base de dados. Também é possível copiar muitos formulários utilizando a funcionalidade de cópia de formulários. O Bizagi não é rico em tipos de campos de formulário, uma vez que alguns campos, como a caixa de verificação, estão ausentes.

A ProcessMaker disponibiliza DynaForms, ou "Dynamic Forms", que são formulários personalizados que podem ser concebidos na ProcessMaker para interagir com o utilizador durante a execução de um caso. Os DynaForms permitem aos utilizadores visualizar e introduzir dados nos processos através de uma interface gráfica que deve ser intuitiva mesmo para os utilizadores não técnicos [20].

O ProcessMaker é mais rico em tipos de campos de formulários, uma vez que contém muitos tipos de campos exigidos pelos requisitos actuais dos formulários. A principal propriedade do DynaForms é a possibilidade de visualizar o código do formulário como HTML ou XML e de o gerir e editar facilmente. Os campos do formulário do ProcessMaker podem interagir com a base de dados através de instruções SQL, e o projeto utiliza esta propriedade para dinamizar a lista de faculdades e programas, ao selecionar uma faculdade específica, são mostrados apenas os programas frequentados por essa faculdade.

A partir da experiência e como já foi referido, é possível gerir os formulários Bizagi de forma alargada. No entanto, os formulários não são ricos como os do ProcessMaker e não é possível editar os formulários em XML ou HTML, pelo que o ProcessMaker é melhor do que o Bizagi na gestão de formulários. Assim, o ProcessMaker recebe 2 pontos, enquanto o Bizagi recebe um ponto.

4.3.5 Base de dados

No Bizagi, a base de dados é criada na segunda fase, conhecida como Modelo de Dados. O Bizagi utiliza a base de dados Microsoft SQL Server, no projeto foi utilizado o Microsoft SQL Server 2005. No Modelo de Dados do Bizagi pode adicionar e eliminar tabelas, e adicionar e eliminar colunas na tabela. A Bizagi oferece 3 tipos de tabelas (entidades):

1. Entidades Mestre: são entidades de negócio que estão relacionadas com informações exclusivas de cada caso. A sua informação (ou os dados armazenados) é actualizada à medida que o processo flui, ou seja, os dados são armazenados de acordo com o que o utilizador final introduz no Portal de Trabalho [21].
2. Entidades de parâmetros: Estas entidades armazenam valores predefinidos, ou valores de parâmetros, que são independentes da execução dos processos. Por exemplo, a entidade Género contém os valores Masculino e Feminino[21].
3. Entidades do sistema: estas entidades pertencem ao modelo de dados interno da Bizagi. Este grupo de entidades inclui informações relativas ao Utilizador, às áreas, localizações, empregos, funções, competências e outras informações criadas por defeito[21].

Também é possível gerir o modelo de dados Bizagi através do SQL Server Management Studio Express.

O ProcessMaker pode gerir vários espaços de trabalho ao mesmo tempo. Cada espaço de trabalho tem 3 bases de dados MySQL:

1. wf_<WORKSPACE-NAME>: esta base de dados contém as informações necessárias ao Process Engine, incluindo informações sobre processos, casos, utilizadores e tabelas PM.
2. rb_<WORKSPACE-NAME>: Esta base de dados contém as informações sobre os utilizadores para manter um sistema de Controlo de Acesso Baseado em Funções (RBAC) no ProcessMaker.
3. rp_<WORKSPACE-NAME>: Esta base de dados foi concebida para permitir que aplicações externas acedam a dados de casos do ProcessMaker [22].

O ProcessMaker não permite gerir a base de dados através do espaço de trabalho do ProcessMaker, é necessário instalar o servidor apache para poder gerir a base de dados.

A partir da experiência e como já foi referido, é possível gerir a base de dados Bizagi no ProcessMaker de duas formas versus uma forma. O ProcessMaker pode derivar as suas tabelas de base de dados quando os utilizadores preenchem

os formulários, enquanto a Bizagi precisa de construir manualmente as tabelas e, em seguida, os formulários podem ser criados e preenchidos. Esta propriedade permite que os utilizadores não profissionais interajam e trabalhem com o ProcessMaker.

Caraterística	**Bizagi**	**ProcessMaker**
Modelação de processos empresariais	2	1
Regras de negócio	1	1
Gestão de utilizadores e autorizações	2	1
Formulário	1	2
Base de dados	1	2
Total	**7**	**7**

Tabela (4-1): Resultados do estudo comparativo

4.4 Conclusão

Este capítulo descreve dois fluxos de trabalho de sistemas de aplicação em linha do mestrado na Universidade de Ciência e Tecnologia do Sudão. O primeiro foi desenvolvido com o Bizagi e o segundo com o ProcessMakter. O capítulo discute e compara estes dois sistemas. Eis o resultado destas comparações:

1. O Bizagi é melhor do que o ProcessMaker na modelação de processos empresariais.
2. Bizagi e ProcessMaker são iguais em termos de regras comerciais.
3. O Bizagi e o ProcessMaker são iguais em termos de gestão e autorização de utilizadores, mas o Bizagi é preferível porque oferece muitas categorias de utilizadores.
4. O ProcessMaker é melhor do que o Bizagi na criação e gestão de formulários.
5. O ProcessMaker é melhor em Bizagi do que em gestão de bases de dados.

Das experiências práticas, o Bizagi obtém sete pontos, enquanto o ProcessMaker obtém sete pontos.

Capítulo Cinco: Conclusão e trabalho futuro

5.1 Conclusão

A tese apresenta uma revisão da literatura sobre os sistemas de fluxo de trabalho, a sua arquitetura e padrões. Abrange também dois sistemas de fluxo de trabalho, nomeadamente: Bizagi e ProcessMaker.

A tese fornece um quadro de comparação para comparar sistemas de fluxo de trabalho, que consiste na modelação de processos, regras comerciais, gestão e autorização de utilizadores, formulários e base de dados.

A investigação concluiu que o Bizagi é melhor do que o ProcessMaker na modelação de processos porque proporciona um ambiente cómodo e muitas opções de exportação, incluindo XPDL, XML, visio, Pdf, Doc e formatos de imagem, e importação de XPDL, XML, enquanto o ProcessMaker exporta e importa apenas XPDL, formatos PM. Em termos de regras de negócio, ambas as ferramentas são idênticas e permitem aos utilizadores criar as regras que pretendem. Na gestão e autorização de utilizadores, ambas as ferramentas são iguais, mas o Bizagi oferece opções adicionais em categorias de utilizadores que permitem classificar os utilizadores em diferentes organizações e grupos. Na criação e gestão de formulários, o ProcessMaker é melhor do que o Bizagi porque inclui muitas funcionalidades de formulários e os scripts podem ser facilmente adicionados para interagir com a base de dados, esta funcionalidade permite que os formulários sejam dinâmicos. O ProcessMaker é melhor do que o Bizagi na criação e gestão de bases de dados, uma vez que permite aos utilizadores criar bases de dados de forma dinâmica.

Em conclusão, ambas as ferramentas são boas para construir o fluxo de trabalho em etapas fáceis e totalmente controladas.

5.2 Trabalho futuro

Outros trabalhos de comparação poderiam ser efectuados como extensão deste trabalho, tais como:

1. Comparação da arquitetura de ambas as ferramentas.
2. Elaborar o quadro para comparar mais funcionalidades, como a linguagem de execução de processos empresariais (BPEL).

Referências

[1] D. Hollingsworth, "Workflow Management Coalition The Workflow Reference Model", 1995.

[2] "Business Process Management" internet: http://www.gartner.com/technology/it-glossary/business-process-management.jsp [janeiro, 2012].

[3] "Workflow Management", Internet: http://unpan1.un.org/intradoc/ groups/public/documents/un-dpadm/unpan041428.pdf [janeiro de 2012].

[4] "Workflow control patterns", Internet: http://ruote.rubyforge.org/patterns.html [janeiro de 2012].

[5] W.M.P. van der Aalst , A.H.M. ter Hofstede, B. Kiepuszewski, e A.P. Barros, "Workow Patterns".

[6] S. Migliorini,M. Gambini,M. La Rosa,A. H.M. Hofstede, "Pattern-Based Evaluation of Scientic Workfow Management Systems", fevereiro de 2011.

[7] Bizagi, Internet: http://wiki.bizagi.com/en/index.php?title=Introduction [janeiro, 2012].

[8] "Arquitetura Bizagi", internet:http://wiki.bizagi.com/en/index.php?title=Architecture [janeiro, 2012].

[9] "ProcessMaker Workflow Management Software", internet:http://www.processmaker.com/product-overview [janeiro ,2012].

[10] "ProcessMaker Architecture", internet: http://wiki.processmaker. com/index.php/ProcessMaker_Architecture_Diagrams [janeiro de 2012].

[11] "what is UML", internet: http://www.smartdraw.com/resources/tutorials/uml-diagrams/ [março, 2012].

[12] R. Seppala, M. Hafrén P. Nie, "Open Source Power on BPM - A Comparison of JBoss jBPM and Intalio BPMS,".

[13] "Online application benefits", Internet: http://www.process2go.com/ benefits/Toptenbenefits.pdf [junho ,2011].

[14] "Regra comercial", internet : http://www.bizagi.com/index.php? option=com_content&view= article&id=25&Itemid=74 [janeiro, 2012].

[15] "ProcessMaker", Internet: http://www.processmaker.com/key-features [janeiro ,2012].

[16] "Regras de derivação" ,internet: http://wiki.processmaker.com/index.php/ ProcessMap,_Tasks_and_Derivation_Rules#Defining_derivation_rules_by_Selection [março,2012].

[17] "Organization", Internet: http://wiki.bizagi.com/en/index.php?title=Organization#

How_to_Create_a_Location_or_a_Position [março,2012].

[18] "Managing Users" Internet: http://wiki.processmaker.com/index.php/Managing_Users [março,2012].

[19] "Roles" ,Internet: http://wiki.processmaker.com/index.php/Roles [março,2012].

[20] "DynaForms" ,internet:http://wiki.processmaker.com/index.php/DynaForms 2012, [março,2012].

[21] "Dados do processo" , Internet: http://wiki.bizagi.com/en/index.php?title=Process_Data#Entity [março de 2012].

[22] "ProcessMaker Database" ,Internet: http://wiki.processmaker.com/index.php/ProcessMaker_Database_Model [abril,2012].

[23] "about XPDL",Internet: http://www.wfmc.org/xpdl.html [janaury,2012].

[24] "Business Process Modeling and Notation":http://www.bpmn.org/ [janeiro de 2012].

Apêndice I

1. XPDL (Linguagem de Definição de Processos Xml)

O XPDL fornece um formato de ficheiro que suporta todos os aspectos da notação de definição de processos BPMN, incluindo descrições gráficas do diagrama, bem como propriedades executáveis utilizadas em tempo de execução. Com XPDL, um produto pode escrever uma definição de processo com total fidelidade, e outro produto pode lê-la e reproduzir o mesmo diagrama que foi enviado [23].

2. Modelo e notação de processos empresariais

Uma notação normalizada de modelação de processos empresariais (BPMN) proporcionará às empresas a capacidade de compreender os seus procedimentos empresariais internos numa notação gráfica e dará às organizações a capacidade de comunicar esses procedimentos de uma forma normalizada. Além disso, a notação gráfica facilitará a compreensão das colaborações de desempenho e das transacções comerciais entre as organizações. Isto assegurará que as empresas se compreendam a si próprias e aos participantes na sua atividade e permitirá que as organizações se adaptem rapidamente a novas circunstâncias empresariais internas e B2B [24].

O BPMN utiliza o conceito conhecido como swimlanes para ajudar a dividir e organizar as actividades. Existem dois tipos principais de swimlanes, como segue:

1. Os pools representam os participantes num diagrama de processo empresarial (B2B) interativo
2. As pistas representam subpartições para os objectos dentro de uma Pool [25].

As raias representam subpartições para os objetos dentro de um Pool. Elas geralmente representam papéis da organização, mas podem representar qualquer caraterística desejada do processo. O fluxo de sequência pode cruzar os limites da pista [25].

3. JBoss jBPM

O JBoss jBPM é uma plataforma de fluxo de trabalho, automatização de processos e fluxo de páginas que permite a coordenação entre aplicações e serviços díspares, resultando na implementação de novos processos empresariais geradores de receitas [12].

4. Intalio BPMS

A Intalio BPM é descrita como um conjunto de serviços e ferramentas que proporcionam a gestão de processos (por exemplo, definição de processos, análise, execução, modelação...) e várias funções de apoio às interações humanas do fluxo de trabalho (por exemplo, motor de regras, BAM) [12].

5. Linguagem de Definição de Processos jBPM (jPDL)

O jPDL permite integrar capacidades de máquina de estados num ambiente Java. O BPEL baseia-se em serviços Web e num ambiente de serviços Web, o que significa que é utilizado para criar novos serviços e utilizar outros serviços Web num ambiente de serviços Web [12].

6. Linguagem de execução de processos empresariais (BPEL)

O BPEL é a norma para reunir um conjunto de serviços discretos num fluxo de processos de ponta a ponta, reduzindo radicalmente o custo e a complexidade das iniciativas de integração de processos [12].

Apêndice II

Online_Application2PM.xpdl


```
<?xml version="1.0" encoding="utf-8"?>
<Package xmlns="http://www.wfmc.org/2008/XPDL2.1" xmlns:xsi="h
  <PackageHeader>
    <XPDLVersion>2.1</XPDLVersion>
    <Vendor>Process Maker</Vendor>
    <Created>2012-07-08 18:50:25</Created>
    <Description></Description>
    <Documentation />
  </PackageHeader>
  <RedefinableHeader>
    <Author></Author>
    <Version />
    <Countrykey>CO</Countrykey>
  </RedefinableHeader>
  <ExternalPackages />
  <Participants />
  <Pools>
```


Figura (1): Ficheiro XPDL do ProcessMaker.

```xml
<?xml version="1.0" encoding="utf-8"?>
<Package xmlns="http://www.wfmc.org/2008/XPDL2.1" xmlns:xsi="h
  <PackageHeader>
    <XPDLVersion>2.1</XPDLVersion>
    <Vendor>BizAgi Process Modeler.</Vendor>
    <Created>2012-08-05T17:04:32.8133093-07:00</Created>
    <Description>Postgraduate_Research</Description>
    <Documentation />
  </PackageHeader>
  <RedefinableHeader>
    <Author />
    <Version />
    <Countrykey>CO</Countrykey>
  </RedefinableHeader>
  <ExternalPackages />
  <Participants />
  <Pools>
```

Figura (2): Ficheiro XPDL Bizagi.

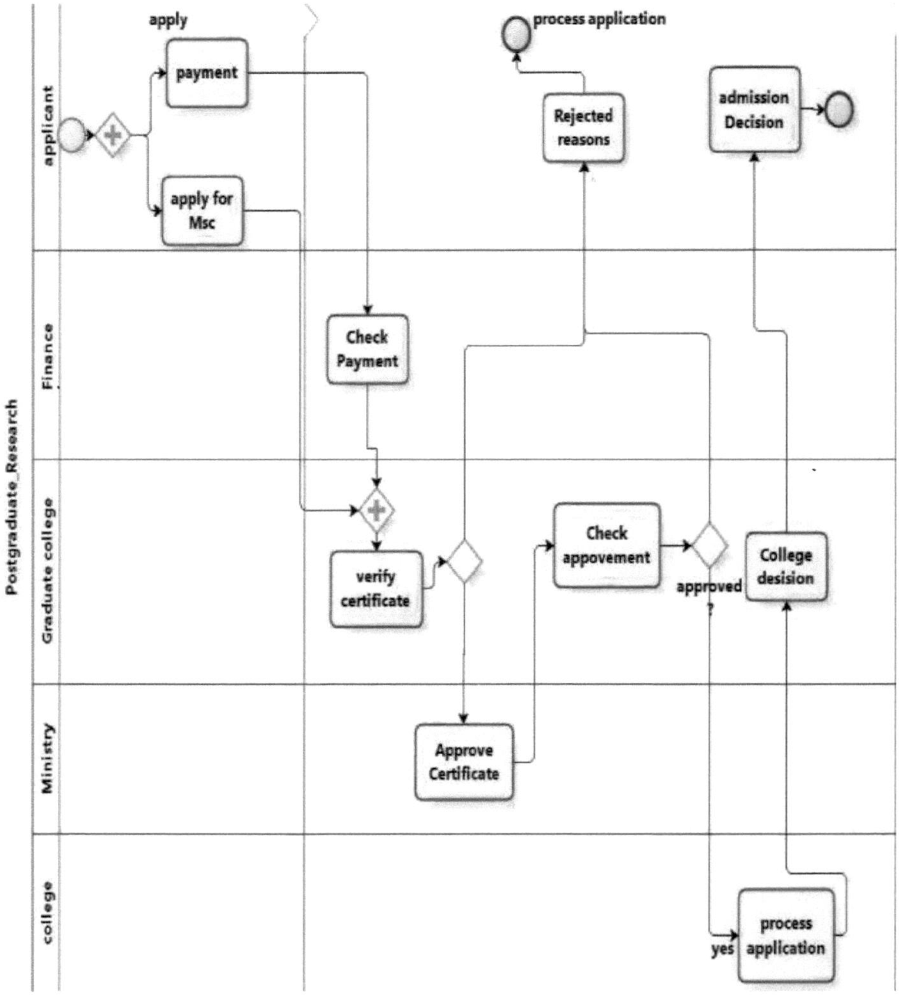

Figura (3): Processo comercial utilizando o Bizagi.

Figura (4): Processo comercial usando o ProcessMaker.

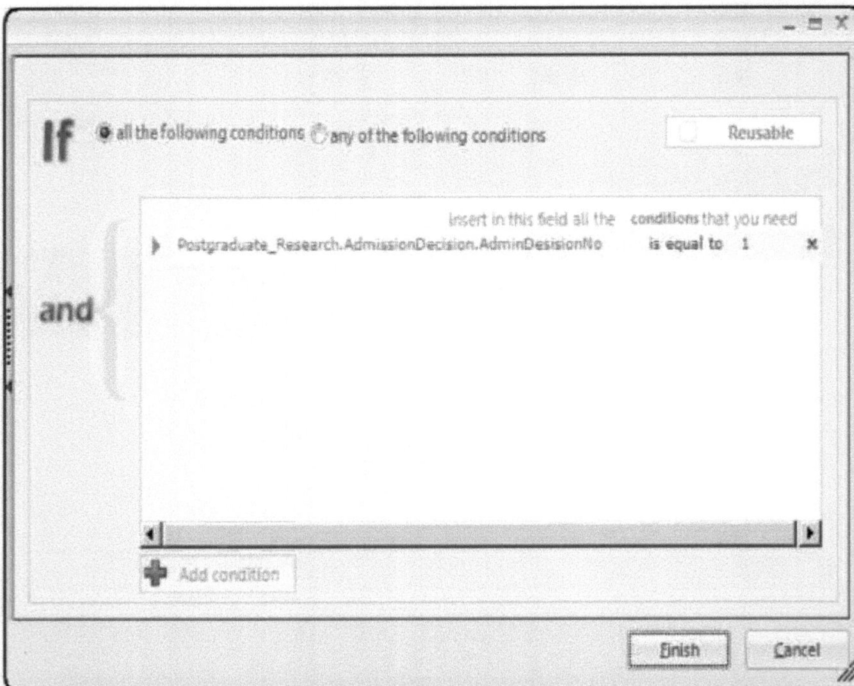

Figura (5): Regra de negócio Bizagi.

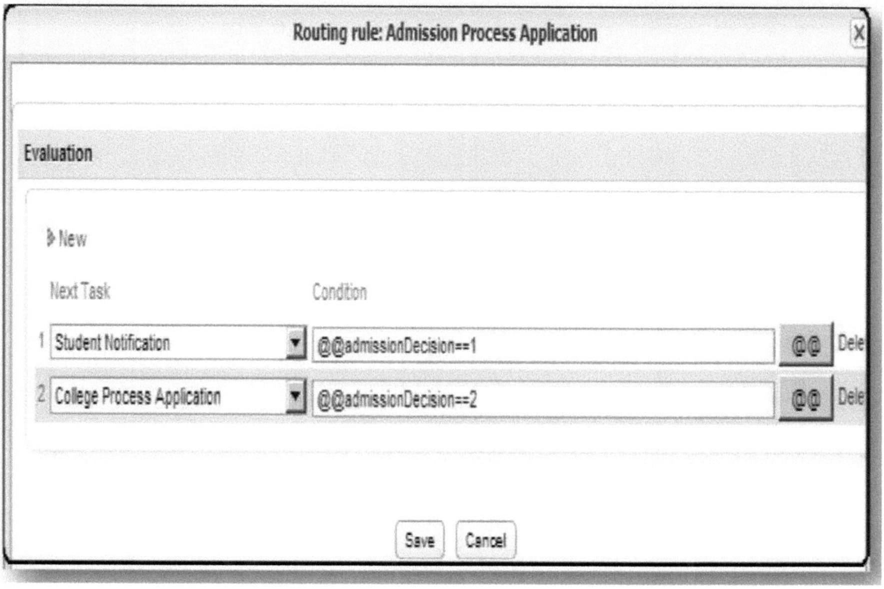

Figura (6): Regra de negócio do ProcessMaker.

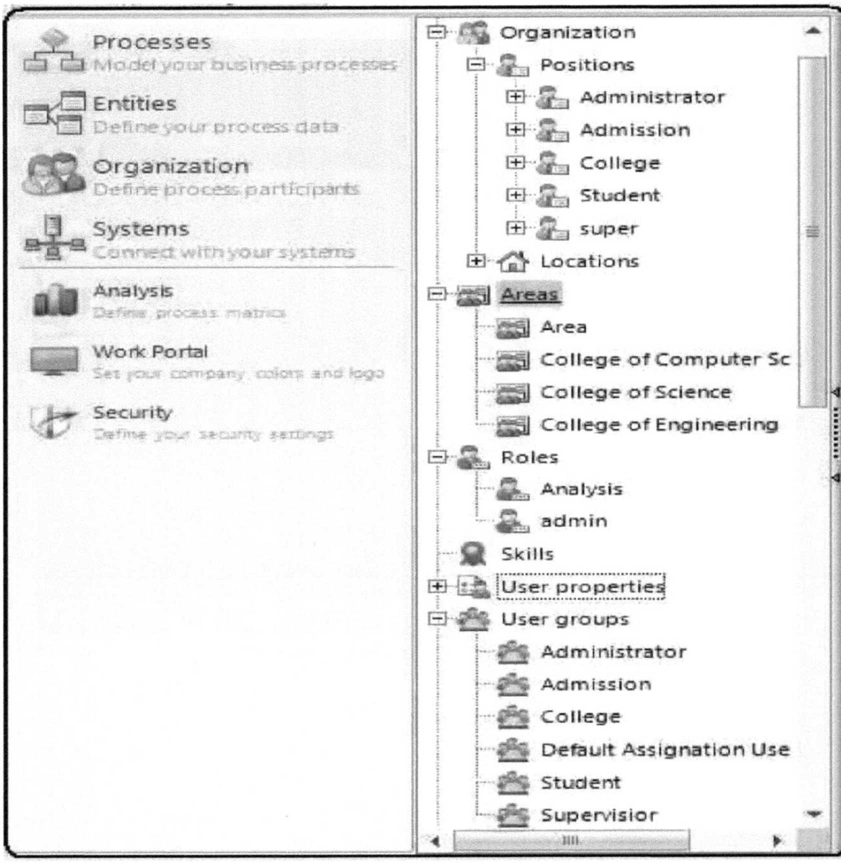

Figura (7): Utilizadores e autorização Bizagi.

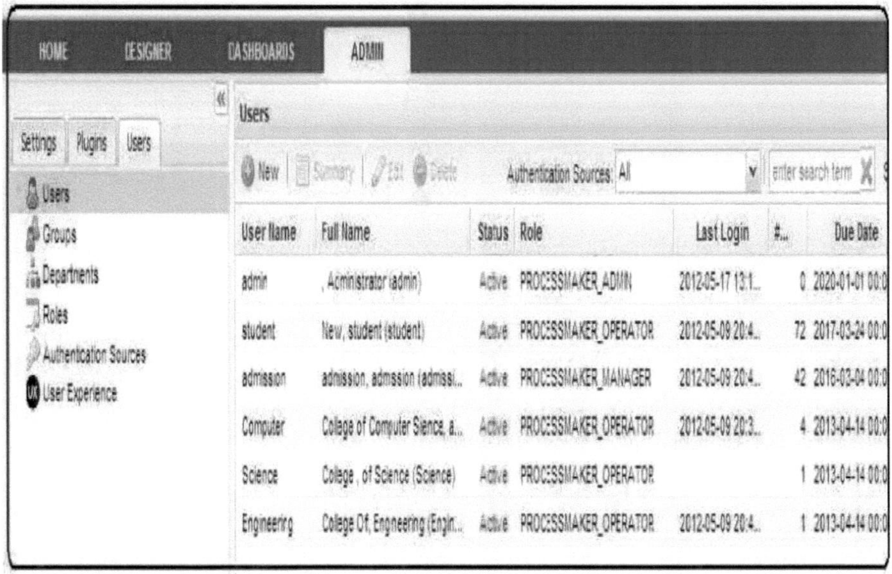

Figura (8): Utilizadores e autorização do ProcessMaker.

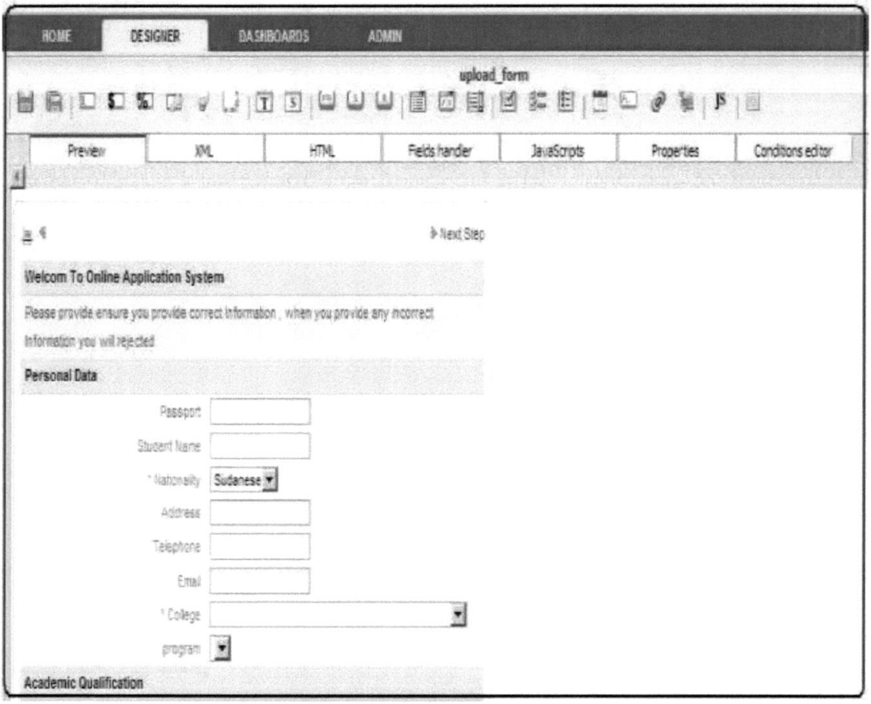

Figura (9): Formulário do ProcessMaker.

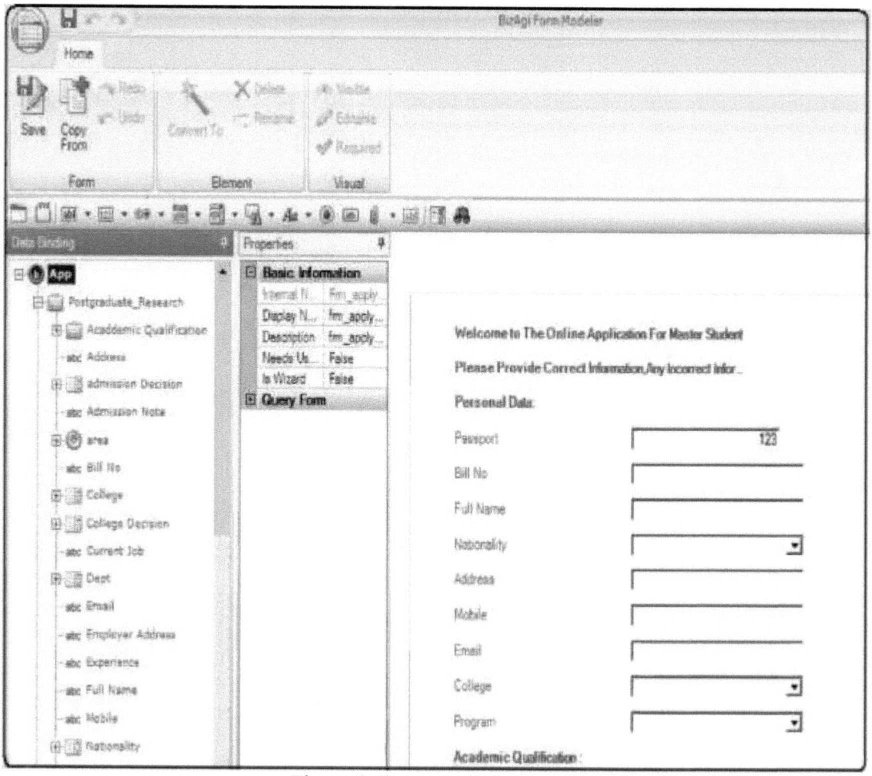

Figura (10): Formulário Bizagi.

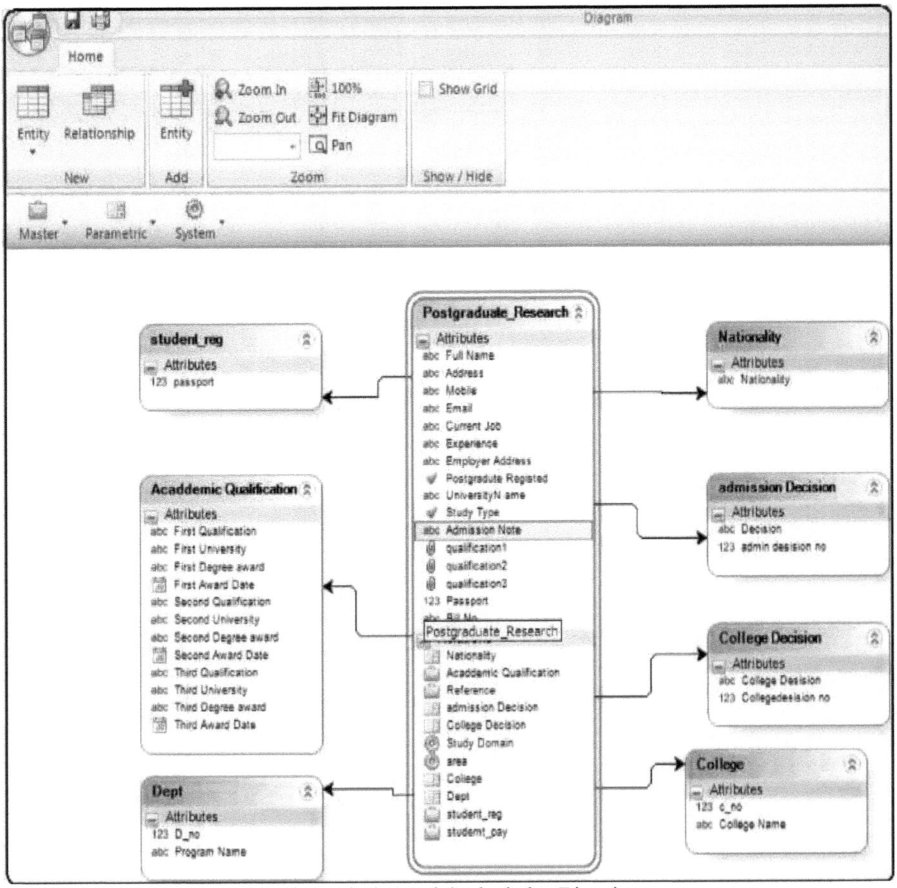

Figura (11): Modelo de dados Bizagi

Autores:

Sr. Omer Salih Dawood Omer Professor, Informática e Informação Departamento, Colégio de Artes e Ciências em Wadi Addawasir, Prince Sattam bin Abdulaziz University, KSA omercomail @ gmail .com , o.dawood@psau.edu.sa	Dr. Mohamed Elhafiz Mustafa Musa. Diretor do Centro Informático Universidade de Ciência e Tecnologia do Sudão Cartum, Sudão hafiz85@hotmail.com

MIX
Papier aus verantwortungsvollen Quellen
Paper from responsible sources
FSC® C105338

Printed by Books on Demand GmbH, Norderstedt / Germany